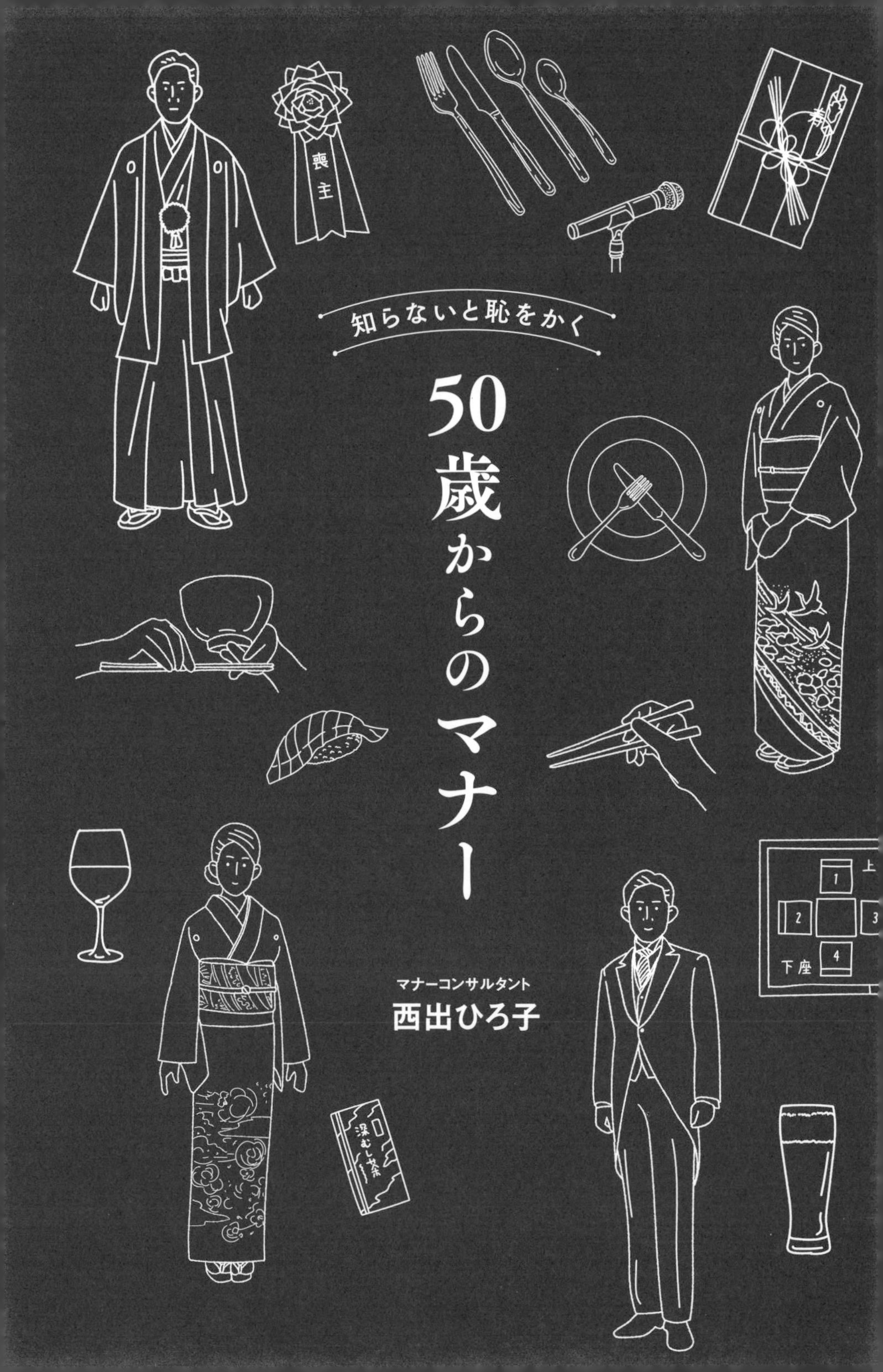


知らないと恥をかく

# 50歳からのマナー

マナーコンサルタント
西出ひろ子

# はじめに

人生１００年――といわれる時代。50歳は人生の折り返し地点といえましょう。

マラソンでいえば、折り返す復路では、かつて見聞きした同じ場所の風景に出会うこともありますが、往路とは正反対の立ち位置から、それを見て体感することとなります。

私たちの人生も同様です。

たとえば、今まで幾度となく招待客として出席した結婚披露宴。

御祝儀はいくら包めばいいのか、返信ハガキの書き方はどうだったかな、など毎回悩み、書籍などで確認をしながら当日を迎えたと思います。

一方、50歳を過ぎれば新郎新婦側としてお招きする立場となることも多くなり、初めての仲人や主賓の挨拶などを依頼されて戸惑う人も少なくありません。

現に、私のマナーサロンの生徒様たちからも（本来「マナー講師養成講座」を受講するためにお越しくださっているのですが）、最後は必ずといっていいほど「今度、うちの息子が結婚することになりましてね。先生、お相手様のご両親と初めて会うときは、どんな服装で行けばいいのでしょうか。手土産は必要ですか？」などなど、それぞれのお立場での私的なご相談を多数受けます。

ある大手企業で役職のある男性からは、お嬢様の結納時に、ホテルでお食事をしながら簡易的に行いましょうといわれたから、ボタンダウンのシャツで参加したところ、お嬢様が大変恥ずかしい思いをしたとご立腹なさり、結婚式の当日まで口をきいてもらえなかった――というお話をうかがったこともあります。

また、お悔やみの場面でも同様に、年相応の基本的なマナーを知らなかったために、大変な恥をかいたというお話を多々うかがいます。

恥ずかしい思いは、自分だけがするのならまだしも、主催側ともなれば、それは家族、関係者にも同様に恥をかかせてしまうことになります。これは、すでに50年という人生を歩んできた私たちの世代では避けたいところですよね。

本書では、50歳になったあなた様が恥ずかしい思いをしないよう、マナーの根本的な本質論から実践までを豊富なイラストとともにわかりやすくお伝えしています。

あなた様が、親として、上司として、50歳として、周囲から慕われ敬われながら、素敵なお時間をお過ごしくださいますよう願っております。

マナー西出ひろ子

## 第3章 親族になったときの「慶事のマナー」



## 第4章 主賓や仲人になったときの「慶事のマナー」

第5章
## 上司としての「社内コミュニケーションのマナー」



第6章
## 品格を感じさせる「会食のマナー」

第 1 章

# 喪主になったときの「弔事のマナー」～準備編～

一生のうちに、
喪主になる経験はたびたびあることではありません。
だからこそ、故人や参列者への敬意を表し、
失礼のないよう準備をすることは大切なことです。
いつ、思いがけず喪主になるかわかりません。
50代を機に、
喪主になったときの知識を得ておくと安心です。

# 身内が亡くなった直後の対応①

**POINT 1**
悲しくても
病院関係者に
挨拶を

**POINT 2**
慌てずに
葬儀社に
連絡を入れる

**POINT 3**
誰が喪主に
なるのか
家族で相談

50歳を過ぎれば、家族や身内の旅立ちを見送ることも増えるでしょう。悲しみに暮れる一方で、別れの儀式は故人にとっても遺族にとっても、後悔のないようにしたいもの。

そのためにお互いが元気なうちに、どういった葬儀がよいかなど、希望を伝え合っておくこともマナーのひとつ。家の菩提寺について知り、気になるなら家族葬や自由葬も調べてみましょう。依頼する葬儀社などを事前に決めておけば、慌てずによいお別れができるでしょう。

## 家族を看取ったときも、年長者としての役割を

### 医師や看護師への挨拶を忘れない

お世話になった医師や看護師には、しっかりお礼の言葉を伝えましょう。

入院が長かったり、在宅介護で訪問医療を受けていた場合などは、葬儀後に改めて挨拶に出向き、個包装の菓子折を手渡してもいいでしょう。

中には規則で受け取れない病院もあるので、あらかじめ確認しておきましょう。贈り物に「掛け紙」をかける場合は、無地のものを。

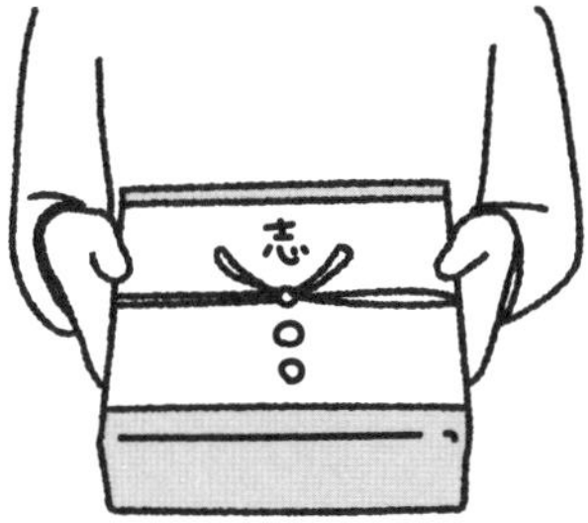


### 臨終の場に子どもがいたら、心のフォローを

年長者であれば悲しいときでも、周囲のフォローをしなければいけない場面もあります。特に幼い子どもが臨終の場にいたら、放っておくわけにはいかないでしょう。

子どもを臨終の場や遺体から遠ざけるべきか、迷う人もいらっしゃるかもしれません。しかし、最後のお別れをさせることに、何ら問題はありません。亡くなったのが親であったり、かわいがってくれた祖父母であればなおのこと、お別れをさせてあげましょう。

子どもが死について質問してきたら、できるだけ丁寧に答えます。無理に励ますよりも、その子の悲しみや怒りに寄り添うことが大切。手を握ったり、ハグをしてあげることも、安心感と癒しにつながります。

# 葬儀社を選ぶときは、慌てず、急がず

## 遺体搬送と葬儀を、別の葬儀社に頼んでもいい

臨終を迎えてから葬儀社を決める場合、ネットや電話などで時間の許す限り情報を集めて、冷静に比較と検討をしましょう。

どうしても検討の時間が作れなかったり、突然の訃報に混乱して、うまく頭が回らなかったりすることもあるでしょう。そのようなときは病院で紹介された葬儀社に、遺体の搬送と安置だけを依頼することもできます。葬儀そのものは後日検討して、別の葬儀社に依頼しても問題ありません。万が一のときのために、あらかじめ検討しておくことも現代では大事なことですね。

## 表向きの金額だけにこだわると後悔しがち

見積もりは葬儀社によってかなり異なるので、総額だけで比較せず、含まれている費用を見比べつつ検討してください。

できれば事前に複数の葬儀社をたずね、斎場の見学をし、見積もりを出してもらっておくのがベスト。家族のためになるだけでなく、あなた自身の終活の参考にもなります。

なお、葬儀費用に僧侶などへの「御布施《おふせ》」が含まれているかどうかの明細をしっかりと確認してください。ほとんどは、含まれていないようです。御布施については34ページでお話しします。

## 葬儀までのおおまかな流れ

仏式のおおまかな流れは以下の通りです。詳細はこの章の中で説明していきます。

### ① 末期《まつご》の水を取る

湿らせた脱脂綿や筆などで、故人の唇をぬらすこと。「死に水を取る」とも言う。病院で用意してくれる場合はその場で、用意されない場合は搬送先で行う。

### ② 遺体の清拭、着替え、化粧

病院であれば看護師が、自宅や斎場であれば葬儀社の担当者が、遺体の処置や着替えを行う。遺族が手伝ってもよい。故人が「死装束にしたい」と話していた衣服があれば、愛用の化粧品と合わせて用意しておく。

### ③ 葬儀社への依頼

葬儀社が決まっていない場合、病院に頼めば紹介してもらえる。その葬儀社に正式に依頼するのであれば、早めに担当者と打ち合わせを。自分たちでもっと検討したいときは、遺体の搬送と安置場所の提供のみをお願いして、引き続き葬儀社を探す。

### ④ 遺体の搬送と安置

搬送先は自宅か斎場だが、最近は斎場に運ばれることが多い。安置したら遺体の枕元に「枕飾り」を施す。菩提寺《ぼだいじ》によっては僧侶に枕経《まくらぎょう》を読んでもらうことも。

※仏式の枕飾り。一膳飯や枕団子、水は「死出の旅」の食料とされるが、死出の旅を説かない浄土真宗では用いられない。

## 葬儀までのおおまかな流れ

### ⑤ 家族と葬儀形式を決める

葬式の形式は、事前に親や本人に確認しておく。菩提寺や故人が所属している教会などがあれば、連絡して都合を聞く。

### ⑥ 家族と喪主を決める

喪主は故人の配偶者が一般的だが、高齢などの理由があれば、故人の子どもが務めてもいい。多くは長男が喪主となるが、両親と同居して家業を継いでいるような場合など、次男や三男が務めることもある。最近は女性の喪主も多い。複数人で一緒に務めることも可。

喪主を決める際は、葬儀後の仏事や墓の管理も喪主が引き継ぐのかどうかまで確認すること。仏事や墓の管理は費用がかかるため、その負担をどうするのかも話し合う。

### ⑦ 家族と通夜、葬儀・告別式の概要を決める

日程を調整し、規模、葬儀の場所を決めて、葬儀社に伝える。このとき会葬礼状、返礼品（仏式の場合は香典《こうでん》返し）、通夜ぶるまいなども依頼する。いずれも本人と生前に決めておくのがベター。

⑧

### 通夜、葬儀・告別式の通知

親族や知人に訃報と葬儀日程を知らせる。

⑨

### 受付や会計など、手伝いの依頼

親族に依頼するのが一般的。会計は「香典の計算」と「弔問《ちょうもん》客のリスト作り」も行うので、信頼できる人物に依頼。受付と会計が兼任となる場合、必ず2人以上に。

⑩

### 弔辞の依頼

葬儀の規模によって1~3人。相手は上司や親しい友人など、故人が信頼していた人物。葬儀日程や内容が決まったら、なるべく早めに依頼をするのがマナー。「ほかにどのような関係の人に弔辞を頼んだのか」まで伝えると、相手が話のポイントを絞りやすくなる。

最近は弔辞が読まれず、友人や親族が思い出話を語るだけの葬儀も多い。適任者が思い浮かばなければ、無理に選ばなくてもいい。

⑪

### 菩提寺との打ち合わせ

菩提寺や所属している教会があれば、葬儀社任せにしないで自分たちで依頼する。菩提寺が遠方の場合も連絡を入れて、事情を話して、同じ宗派の近くの寺院を紹介してもらう。先方が紹介できなければ、宗派を伝えて葬儀社に紹介してもらう。

神式の葬儀を依頼する場合、神社へは喪主や喪家ではなく、代理人を立てて依頼に行く。神道には「死を神様に近づけない」との考え方があり、故人の身内は神社に参拝してはいけないため。

## 葬儀までのおおまかな流れ

⑫

### 遺影の準備

生前の写真から選ぶ。スーツ姿がベストだが、故人の人となりが伝わる写真なら、ラフな服装でもOK。最近はパソコンを使って、必要な部分だけ抜き取れるので、背景は気にしなくてもいい。

⑬

### 戒名《かいみょう》を決める

宗派によっては法名《ほうみょう》、法号《ほうごう》とも呼ばれる。菩提寺から授かるのがしきたり。一般的には納棺までに付けてもらうが、菩提寺がなかったり不明の場合や、故人が戒名を拒んでいた場合など、俗名で葬儀を行うこともある。

寺院のお墓に納骨する際、その寺院や宗派の戒名でなければ、拒まれることもあることに注意。納骨まで考えて戒名を付けること。

⑭

### 喪服、お礼の準備

遺族が身に付ける喪服を用意する。僧侶に渡す「御布施」「御車代」「御膳料《おぜんりょう》」や、手伝ってくれた人へのお礼も、通夜までに用意しておく。

⑮

## 葬儀挨拶の準備

喪主はたびたび挨拶をするので、何を話すのかを考えておく。特に通夜と葬儀･告別式の挨拶は、3～5分の長丁場となるため、原稿を用意しておくこと。

⑯

## 納棺《のうかん》

遺族全員で棺《ひつぎ》に納める。ここで死装束を着せることも。棺には故人が愛用していたものを入れるが、燃えない貴金属やガラス製品などは避ける。

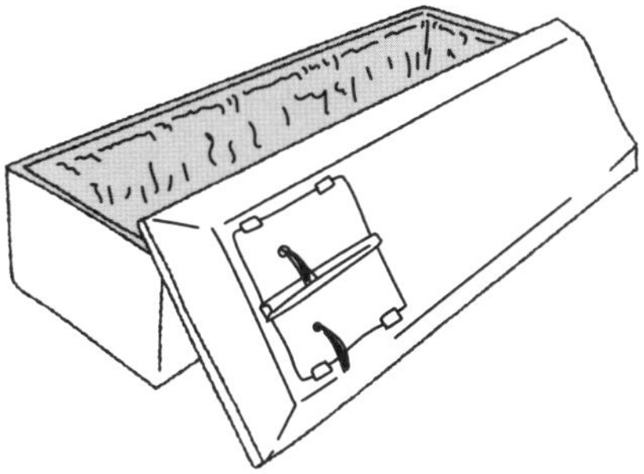

⑰

## 供花《きょうか》、供物《くもつ》を並べる。通夜の席次《せきじ》を決める

花や供物が送られてきたら、故人と親しかった人を中心に置く。後日、礼を伝えるため、花や供物をくれた人の名前、住所の記録を。また、通夜当日までには出席者の「席次」を決めておく（実際に決めるのは親族、親戚、特に縁の深かった人くらいまでで、ほとんどの参列者は自由に座ることになる）。

# 身内が亡くなった直後の対応②

**POINT 1**
三親等までの親族にはすぐ連絡

**POINT 2**
それ以外は、通夜までに伝える

**POINT 3**
まずは電話で。次にメールなど

　家族の危篤や臨終を告げられたら、誰でもショックは大きいですし、何も考えられなくなってしまうでしょう。そんな中でも、「最期に会いたい」「看取りたい」と願う親族や友人のことを思い、危篤の報をいち早く伝えます。

　親や伴侶が闘病していたら、いざというときに連絡すべき相手と連絡先のリストは、事前に作成しておきましょう。危篤を知らせる際はまずは電話で、早朝や深夜でも、初めにお詫びをひと言添えれば、問題ありません。

## 訃報を伝えるタイミングは関係で変わる

### 「三親等までの親族」にはすぐに伝える

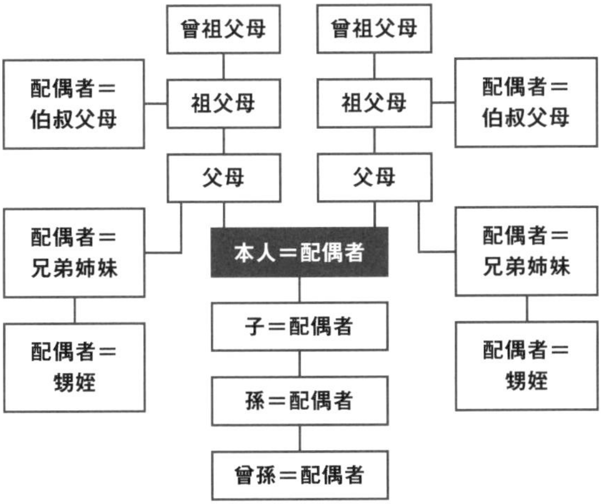


故人の三親等までの親族には、すぐに訃報を伝えるのが基本です。

三親等内には配偶者、親、子、孫、きょうだい、祖父母、おじ、おば、甥、姪、曾孫などが含まれます。特に親、子、きょうだいは、たとえ今は疎遠になっていても、危篤になった時点で連絡をします。

### 故人の「親友」と呼べる人物にも早めに

本人が最期に会いたいと望んでいた友人、知人にも一報を。故人の勤め先も、早めに訃報を伝える相手に含まれます。その会社によって異なりますが、一般的には、窓口は上司や人事課になります。

キリスト教式の葬儀で送る場合、臨終前に行う儀式があるので、牧師や神父にもすぐに連絡してください。

いずれも遠方の人には早めに知らせる一方、高齢や療養中など駆けつけるのが難しい相手には、急な連絡を控えます。

### 葬儀日程などの情報は後日でも大丈夫

三親等外の臨終に立ち会わなかった親族にも、亡くなったという事実だけは早めに知らせましょう。急逝だった場合は、簡潔に死因も伝えます。

最初の連絡では「葬儀の日程は改めてご連絡します」とだけ伝えて、葬儀日程が決まった時点で再度連絡をすると、先方に余計な負担をかけずに済みます。

故人の友人、知人、近隣住民、配偶者の同僚や子どもの学校の関係者などは、それぞれの代表の方に伝えた上で、必要な人へ連絡してもらいましょう。

## 「どのように訃報を伝えるか」も要注意

### 最初に電話で連絡。FAXやメールはその後

訃報は基本的には電話で伝えます。電話をして相手が不在だった場合は、その旨を書き添えた上で、FAXやメールでも伝えます。

故人の勤め先にも電話で訃報を知らせてから、FAXまたはメールで詳細を伝えるのがおすすめです。

### SNSでの告知は、不要なトラブルの元

葬式までに時間的な余裕があれば、郵送で「会葬案内状」を出すこともあります。会葬案内状は一般的に、葬儀社が印刷の手配をしてくれます。

訃報をいきなりメールで伝える人もいますが、相手がご年配の方の場合は避けましょう。正しく伝わらないおそれがあります。SNSでの告知はトラブルが生じかねないので、避けたほうが無難です。

### お墓の準備、霊園関係者への連絡

お墓などへの納骨は、四十九日や一周忌の法要に合わせて行うのが一般的です。故人が先祖代々のお墓に入る場合や、すでに墓地や墓を用意している場合は、納骨の日程を決める際に、菩提寺や霊園に連絡します。

墓地が決まっていない場合は、葬式が終わってから改めてお墓について情報を集め、家族で考えましょう。今後の自分たちにふさわしい方法を選んでください。

## 電話などで訃報を伝えるときの例文

用件を簡潔に伝えることが第一です。過剰な言葉遣いをせず、必要なことを間違いや抜けのないように話します。

### 故人の勤め先への電話

**お世話になっております。**
**営業部営業二課 山田一郎の妻の二三子でございます。**
**かねてより病気療養中でした主人が本日早朝、**
**他界いたしました。**
**これまで皆様に支えていただきましたこと、**
**心より感謝申し上げます。**
**つきましては通夜は10月12日、**
**葬儀・告別式は10月13日ですが、**
**詳細はこのあとファクシミリでお知らせいたします。**
**なにとぞよろしくお願い申し上げます。**

## 故人の知人・友人への電話

突然の電話で申し訳ありません。
佐藤太郎の長男の次郎でございます。
1月7日の早朝、父の太郎が亡くなりました。
生前は大変お世話になりました。
つきましては、通夜は1月10日午後6時から、
葬儀・告別式は1月11日午前11時から、
○○斎場（場所）にて
仏式（神式、キリスト式）で行います。
恐れ入りますが、
新田様（相手の名前）のほかに
親しかった方がいらっしゃいましたら、
お伝えいただければありがたく存じます。
喪主は私が務めますので、ご連絡をいただく際は、
私の携帯電話 000-0000-0000 までお願いいたします。

## FAXやメールの文面

〇〇年〇〇月〇〇日

お知らせ

　夫　斎藤康太儀　かねてより病気療養中でしたが　〇〇年1月7日午前5時7分に永眠いたしました　享年五四（歳）でした
　通夜・葬儀・告別式は下記のとおり執り行います
　生前のご厚誼に心より御礼申し上げ　謹んでお知らせいたします

記

1.日時　通夜　〇〇年1月10日(土)　午後6時～8時
　　　　葬儀告別式　1月11日(日)　午前11時～12時
2.場所　〇〇斎場(住所･電話番号)
3.その他　キリスト教式の通夜･告別式を相営みます

以上

喪主　斎藤裕子（妻　携帯電話 000-0000-0000）

※「3. その他」は葬儀形式を伝えるための行。神式の場合は「3. その他　神葬祭を相営みます」と書く。仏式の場合は行自体が不要。
※香典、供物を辞退する場合、「お供え　不祝儀につきましてはお心のみ頂戴し　ここにご辞退させていただきたくお願い申し上げます」と記載する。

# 喪主の身だしなみ～男性編～

**POINT 1**
本来なら喪主は葬儀で「正礼装」

**POINT 2**
最近は準礼装や略式礼装でも可

**POINT 3**
ビジネススーツでごまかさない

※周囲に迷惑をかけないため、また、ご自身の命、健康を守るため、状況や必要に応じて、マスクを着用してもかまいません。場合に応じてフェイスシールドなどの着用や手などの除菌消毒を求められたりした場合は、それに従うのもマナーです。

男性の喪主が葬儀で着用するのは、本来なら正礼装。和装なら黒の紋《もん》付《つ》き羽織袴、洋装は黒のモーニングコートのことです。

　モーニングは日中の礼装なので、通夜には準礼装であるブラックスーツを着用します。ただ近年、都市部のお葬式では和装姿の男性喪主をあまり見かけなくなりました。洋装も葬儀・告別式や通夜と同じく、ブラックスーツを着る人が多数です。

　注意点としては、ほかの親族が正礼装なのに、喪主が準礼装とならないこと。親戚間での事前の確認を忘れずに。

# 和装の正礼装　～男性編～

男性の和装の喪服において、正礼装は「黒《くろ》羽二重《はぶたえ》染《そ》め抜《ぬ》き五《いつ》つ紋付き羽織袴」を指します。

「五つ紋付き」とは、左右の胸と両袖の背面、背筋の上の計5ヶ所に家紋が入っていることです。着物は家紋の数で格が決まり、五つ紋付きがもっとも格上です。

一方、「羽二重」とは撚《よ》りの入っていない糸で織られた生地のこと。羽二重で織られた長着と羽織は、でこぼこのないなめらかな手触りとなります。

ただし、羽二重の長着と羽織は暑いので、夏場は風通しのいい「絽《ろ》」の着物でもいいでしょう。

- 黒羽二重染め抜き五つ紋付きの羽織と長着。
- 袴は仙台平《せんだいひら》や博多平《はかたひら》で。紐は一文字に結ぶ。
- 羽織紐の色は黒かグレーか白。形は丸組みでも平打ちでも可。
- 長襦袢《はがじゅばん》は白の羽二重で、夏は絽や紗《しゃ》に。
- 半衿《はんえり》は塩瀬《しおぜ》羽二重《はぶたえ》で、色はグレーか黒を。
- 落ち着いた色の角帯《かくおび》を締める。
- 足袋《たび》は白が基本だが、地域によって黒を正式とすることも。親族や葬儀社に確認を。
- 畳表《たたみおもて》付きの草履。鼻緒は黒か白。
- 状況に応じてマスクの着用をします。洋礼装に合うマスクもあります。

※ 扇子、重ね衿、派手な時計、結婚指輪以外のアクセサリー、柄物のハンカチなどは避ける。

## 洋装の正礼装　～男性編～

男性の洋装の正礼装は黒のモーニングコート。パンツは黒が多い縞《しま》柄を選びます。

ただし、洋装は日中と夕方以降で服装を変えるしきたりがあります。モーニングは日中の礼装なので、通夜の場では喪主であっても、準礼装のブラックスーツを着用します。ブラックスーツについては、準礼装の項目を参照してください。

- 黒いモーニングコートと同じ布地の黒いベスト。
  ベストに白衿は付けない。
- シャツは白無地のレギュラーカラー。
- カフスリンクス（カフスボタン）は
  シルバー台座で白か黒の真珠、
  もしくは黒蝶貝《くろちょうがい》のものを。
  シングルでもダブルでもOK。
- ネクタイは黒無地の結び下げ。
  ネクタイピンは付けない。
  弔事ではディンプルを作らないように注意。
- 礼装用の細い縞模様で、
  裾がシングル仕立てのコールパンツ。
  黒の分量が多い地味なものを選ぶ。
- ベルトは使わず、黒いサスペンダーで吊る。
- 靴下、靴ともに黒の無地。
  靴は光沢のないシンプルな紐の革靴で、
  内羽根《うちばね》式のストレートチップがベスト。
- アクセサリーは極力避け、ポケットチーフは不要。
- 状況に応じてマスクの着用をします。
  洋礼装に合うマスクもあります。

※ 派手な時計、ネクタイピン、結婚指輪以外のアクセサリー、スエードや金具付きの靴、ワニ革やヘビ革のベルトや靴、柄物のハンカチなどは避ける。

## 和装の準礼装・略式礼装　～男性編～

### 和装の準礼装

黒のほか紺や濃いグレーなどの無地の長着に、三つ紋付きの羽織に袴を。喪主以外の親族や、ごく親しい間柄の会葬者が着用するとされるため、よほどの事情がなければ洋装に変えてよいでしょう。慶弔共通。

### 和装の略式礼装

御召縮緬《おめしちりめん》や紬の地味な着物に、一つ紋の羽織と袴。洋装に変えてもよいでしょう。慶弔共通。

## 洋装の準礼装・略式礼装　～男性編～

### 洋装の準礼装

基本はブラックスーツ。シングルでもダブルでもかまいませんが、必ず喪服用のフォーマルスーツを用意すること。ビジネススーツは光加減によっては、漆黒に見えません。ワイシャツ、ネクタイ、靴下、靴の注意点は、正礼装と変わりません（24ページ参照）。

### 洋装の略式礼装

カラーシャツやカラータイは避け、濃紺やダークグレーなどの濃い色のスーツを。靴下もダークカラーで。一般参列者が急いで駆けつける通夜の席にふさわしい服装のため、通常喪主が着用することは想定されていません。

# 喪主の身だしなみ〜女性編〜

**POINT 1**
**和装は黒無地染め抜き五つ紋付き**

**POINT 2**
**抑えめの「片《かた》化《げ》粧《しょう》」がしきたり**

**POINT 3**
**派手なアクセサリー類は避ける**

※周囲に迷惑をかけないため、また、ご自身の命、健康を守るため、状況や必要に応じて、マスクを着用してもかまいません。場合に応じてフェイスシールドなどの着用や手などの除菌消毒を求められたりした場合は、それに従うのもマナーです。

女性の喪服は洋装だと、正礼装と準礼装にあまり差がありません。そのせいか伝統的に、洋装より和装に格式の高さを感じる人が多いようです。その一方、最近は洋装を選ぶ人も増えており、洋装の喪主も見かけます。

弔事のメイクは抑えめの「片化粧」がしきたり。口紅はつけずにリップクリーム程度が本来の片化粧ですが、気になる場合は、マットなベージュ系でナチュラルメイクに。派手なネイルもNGです。髪色が明るく目立つ場合は、スプレーなどで一時的に黒く染め、長い場合は低い位置でひとつにまとめます。

## 和装の正礼装　～女性編～

女性の和装における正礼装は、「黒無地染め抜き五つ紋付き」の着物を指します。生地はかつては地域差があり、関東では羽二重が、関西では縮緬が多かったのですが、現在は全国的に縮緬が主流となっています。夏は薄手の絽の着物にしても問題ありません。

- 着物は黒無地染め抜き五つ紋付き。
- 白の羽二重の長襦袢と半衿。
  夏は絽の素材を。
- 黒い名古屋帯の一重太《いちじゅうだい》鼓《こ》結び。
- 帯締めは黒の平打ち。
  房《ふさ》を下向きに締める。帯揚げも黒で。
- 足袋は白。草履は黒い布製か、
  畳表付きの鼻緒が黒のもの。
- 状況に応じてマスクの着用をします。
  和礼装に合うマスクもあります。

※ 帯留め、重ね衿、髪飾り、柄物のハンカチ、派手な時計、アクセサリー類は避ける（結婚指輪と控えめなデザインの真珠はOK）。

## 洋装の正礼装　～女性編～

日本では着用する人は少ないですが、ロング丈ワンピースのフォーマルドレスがもっとも格式の高い装いです。黒い無地のワンピースやツーピース、アンサンブルなどでもOK。

慶弔を兼ねたデザインではなく、弔事用を選びましょう。サテンやレースなどの光沢がある素材や、透けて見える素材は避けること。シルクやウールなどの質のよい生地で、色は光沢のない漆黒が適しています。

※ 髪飾り、柄物のハンカチ、金具付きやスエード・ワニ革などの靴やバッグ、派手な時計、アクセサリー類は避ける。弔事の正式なアクセサリー（モーニングジュエリー）は、ジェット（黒玉）。日本では、真珠を涙に例えてよしとしている。

- ロング丈のワンピースかツーピース。オーソドックスなデザインで、襟元が詰まった肌が見えないものを。ボタンは共布か光沢のない黒。
- 上着は長袖が基本。夏も会場では上着を脱がないのが正式。
- パンツではなくスカート。正座をしてもひざが隠れる長めの丈。
- 黒無地のストッキング。タイツはNG。
- 靴はヒール高3～5㎝のパンプス。黒の布製が正式だが、飾りが付いていない黒の革製でもいい。
- バッグは小型で黒の布製がベスト。黒の革製であれば光沢がなく、型押しの柄などもないシンプルなものを。
- 結婚指輪と控えめなデザインのジェット（黒玉）や真珠のアクセサリーはOK。ただし、ネックレスは1連。イヤリングも揺れないタイプを。
- 状況に応じてマスクの着用をします。洋礼装に合うマスクもあります。

## 和装の準礼装・略式礼装　～女性編～

### 和装の準礼装

黒色無地に三つ紋付き、または一つ紋付き着物。紋は実家の家紋と嫁ぎ先の家紋、どちらを入れる場合もあり。地域の風習によっても変わるので、親戚などに相談を。

### 和装の略式礼装

寒色系の無地に三つ紋付き、または一つ紋付きです。こちらも家紋については、事前に親戚などに相談を。

## 洋装の準礼装・略式礼装　～女性編～

### 洋装の準礼装

少し流行を取り入れたり、スカート丈はひざ下でも正礼装より短めにしたりしてもOK。できるだけ肌の露出は控え、小物は黒でまとめて派手にならないよう心がけます。

### 洋装の略式礼装

色が紺や濃いグレーでもよく、パンツスーツも含まれます。肌の露出が少ない落ち着いたデザインで。

# 第 2 章

# 喪主になったときの「弔事のマナー」～現場編～

故人とのお別れを悲しむ間もなく、
故人を送り出すために多用な喪主。
通夜や葬儀の当日、その場で慌てて、
取り乱すことのないよう、事前に知識を養っておきましょう。
何をすべきかを知っていれば、備えもできますから安心です。
本章では、仏式を中心に、
その流れや必要なことをお伝えします。

# 僧侶のおもてなし

**POINT 1**

**戒名料、御布施は金額をたずねる**

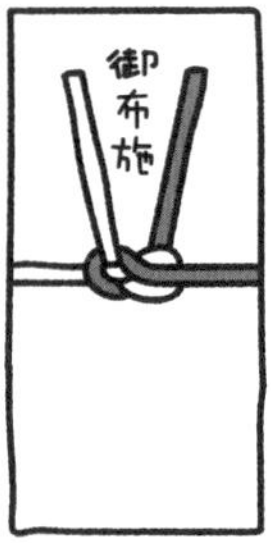


**POINT 2**

**御車代と御膳料を事前に用意**

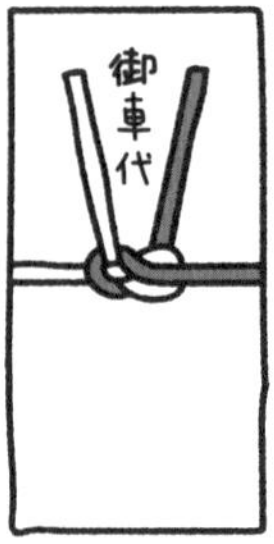


**POINT 3**

**僧侶の呼び方をあらかじめ確認**

喪主にとって大切な役割の一つが、「僧侶のおもてなし」です。世話役などに対応をお願いすることもありますが、お礼の気持ちを伝えるためにも、できる範囲でおもてなしをしましょう。

僧侶に戒名を考えてもらい、読《ど》経《きょう》していただくときは、それに見合った「御布施」を用意する必要があります。その他、「御車代」や「御膳料」を別途用意する場合もあります。こちらも地方や地域、宗派によっては考え方やスタイルが異なるため、わからないことは、直接うかがったり、葬儀社にたずねて一般的なスタイルを教えてもらうと安心です。

# 「僧侶のおもてなし」は喪主の大切な役目

## 通夜開始前の僧侶のおもてなし

僧侶が会場に到着したら、喪主（または葬儀の世話役）が出迎えます。

祭壇の確認をしてもらったら、控え室に案内してお茶とお菓子でもてなします。お菓子はその場で召し上がらないこともあるので、個包装のものか、懐紙《かいし》の上にのせてお出しするなど、持ち帰りやすくしておきます。

また、おもてなしをしながら、通夜ぶるまいに同席いただけるかどうかをうかがい、その後、着替えてもらいます。着替えの間、控え室に人が出入りしないように注意してください。

## 通夜終了後の僧侶のおもてなし

僧侶がお勤めを終えて退場したら、葬儀社の担当者が再び控え室に案内し、着替えを済ませてもらいます。その後、茶菓《さか》を出して喪主がお礼を述べ、簡単に翌日の葬儀について確認します。

僧侶が通夜ぶるまいに参加される場合は、最上席に案内します。お帰りの際はお見送りをし、「御車代」と「御膳料」を渡します（35ページ参照）。

## 呼び方はあらかじめ確認しておく

僧侶のことをよく「住職」と呼びますが、これは寺の代表だけを指す呼び名です。大きな寺院であれば、住職ではない僧侶もたくさんいます。

また、「和尚」を「わしょう」と読む宗派もありますし、浄土真宗では「和尚」という呼び方そのものを使いません。このように呼び方は多種多様なので、事前に親戚や葬儀社に確認して、失礼のないようにしましょう。

## 金額が読みづらい「御布施」「戒名料」

### 地域や戒名のランクによっても大幅に異なる

僧侶に「御布施」「戒名料」を渡すことは、多くの人が知っていることでしょう。御布施の中には戒名料も含まれているので、別々に用意する必要はありません。

ただし、御布施の相場は見当が付きづらく、悩む方も多くいらっしゃいます。こちらは地域や寺院によっても異なりますし、喪家《そうか》とお寺とのお付き合いの度合いなどによっても変動するところはあるでしょう。また、付ける戒名によって金額にランクがあります。

### 僧侶にストレートにたずねるのが一番

御布施については、葬儀社や紹介者などを通じて確認してもらうのが無難です。事前に挨拶の機会がある場合は、「御布施はどのくらいお包みすれば」と直接たずねても構いません。このときには「失礼かと存じますが、ご教示いただけますと幸いです」と正直な気持ちを伝えるほうがよいです。

お寺や僧侶などからは「お気持ちで」と言われることがほとんどです。その場合は、「みなさんはおいくらぐらい」「私どもでは見当が付かず」などともう一度うかがってみます。そうして答えてもらえたらそれを参考にします。それでも「お気持ちで」と言われたら、それはそれでよろしいと思います。最低金額は2万~3万円程度を目安に考えて、5万円、10万円、30万円、50万円以上などさまざまです。

封筒の包み方や渡し方は、次ページの「御車代」「御膳料」と同じなので、そちらを参考にしてください。

### どの戒名を選ぶかで御布施の金額は変わる

戒名料は位によって大きく差があり、一般的な「信士《しんじ》」「信女《しんにょ》」は5万円程度から、高位となる「院居士《いんこじ》」「院大姉《いんだいし》」などは40万円以上となります。ただし、これらはあくまでも目安であり、各寺院によって異なります。

また、御布施には戒名料のほかに、「読経料」なども含まれているため、実際にお支払いする金額はもう少し高くなります。希望する戒名料にふさわしい御布施がどのくらいになるのか、あらかじめ葬儀社に相談するとよいでしょう。

# 御布施に加えて「御車代」と「御膳料」も

## 会場までの「御車代」を事前に封筒に

僧侶には「御車代」を渡すのが礼儀です。5千～1万円を包むことが多いですが、遠方から来ていただいた場合、必ず実費以上の金額を渡しましょう。

手渡しは失礼なので、白無地の封筒に筆または筆ペンで「御車代」と書き、その下に喪主のフルネーム（または「○○家」と家名）を書きます。僧侶が複数の場合、人数分を用意しておき、1人ずつに渡します。

## お金を入れる封筒のマナー／渡し方のマナー

よく「香典の表書きは薄墨で」「新札だとあらかじめ用意していたようで失礼なので、香典では古いお札を使う」と言われますが、御布施、御車代、御膳料は香典とは異なります。表書きは濃い墨で書き、きれいなお札を入れましょう。

お渡しの際は、封筒を「切手盆《きってぼん》」と呼ばれる小さなお盆にのせて差し出します。または「袱紗《ふくさ》」に包んでおき、中の封筒を取り出して、袱紗の上にのせて渡します。

## 通夜ぶるまいを辞退されたら「御膳料」

弔問客に食事やお酒を提供する「通夜ぶるまい」には、僧侶も参加してもらえるか確認します。僧侶が辞退した場合、「御膳料」を渡すのがしきたりです。

御膳料を渡す必要が出たからといって、慌てて用意するようでは喪主失格。渡すかどうかと無関係に、事前に準備をしておくのが50代以上となった私たちの腕の見せ所です。こちらも目安は5千～1万円で、渡し方の注意点も御車代と同様です。

## 葬儀・告別式でも、御車代と御膳料は用意

御布施、御膳料、御車代は、それぞれ封筒を分けて渡します。僧侶が複数の場合、人数分用意してください。

また、御車代と御膳料は、葬儀・告別式の日も別途用意する必要があります。御車代は、僧侶が葬儀・告別式から帰る際に渡します。火葬場から戻ってきて、僧侶が会食の場となる「精進《しょうじん》落とし」を辞退した場合は、御車代とともに、御膳料も渡しましょう。

# 通夜出席者のおもてなし

**POINT 1**

**「通夜ぶるまい」は多めに用意**

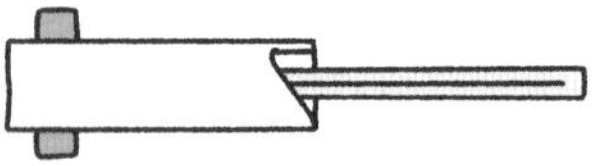

※感染症のリスクなど諸事情により、「通夜ぶるまい」をおこなわないケースもあります。

**POINT 2**

**供花と供物は、誰からか確認**

**POINT 3**

**「会葬御礼」は香典返しとは別**

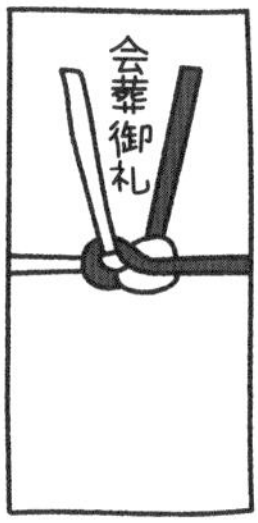


通夜は故人との別れの夜。集まってくださった方々にとっても、心残りのない夜となるよう、喪主の役割をしっかりと務めましょう。

通夜に訪れてくれた方には、「通夜ぶるまい」を用意するのがしきたり（状況に応じるものであり、必須ではありません）。喪主として、その場に参加し、ご挨拶をします。

当日は慌ただしく時間が過ぎますが、届いた供物や供花は、誰から贈られたものかわかるようにメモを付け、あとでお礼を伝えるために、お名前や住所を記録しておきます。

# 弔問客へのおもてなしが「通夜ぶるまい」

## 通夜ぶるまいは余裕を持って、少し多めに

通夜の後、弔問客に軽食とお酒を提供することを、「通夜ぶるまい」といいます。

通夜ぶるまいのメニューや数は事前に申し込んでおきますが、葬儀社に参列者目安数を伝えて、見積もりをもらいます。その金額が予算に合うのかなどを検討し、葬儀社の方に相談やアドバイスをもらいましょう。ほとんどの親族は通夜ぶるまいに参加すると思われますから、参列者に親族が多い場合は、お料理などの数を多めにしておくと安心です。

## 供花、供物の贈り主の名前をチェック

通夜が始まる前にまず、供花、供物の贈り主の名前に誤りがないかを確認します。配置は、故人と縁の深い人から棺の近くに飾っていきます。

祭壇の飾り方については、僧侶が到着して挨拶をしたあと、確認してもらいましょう。親族には席次を気にする人もいるので、信頼の置ける年長者に相談しながら決めること。

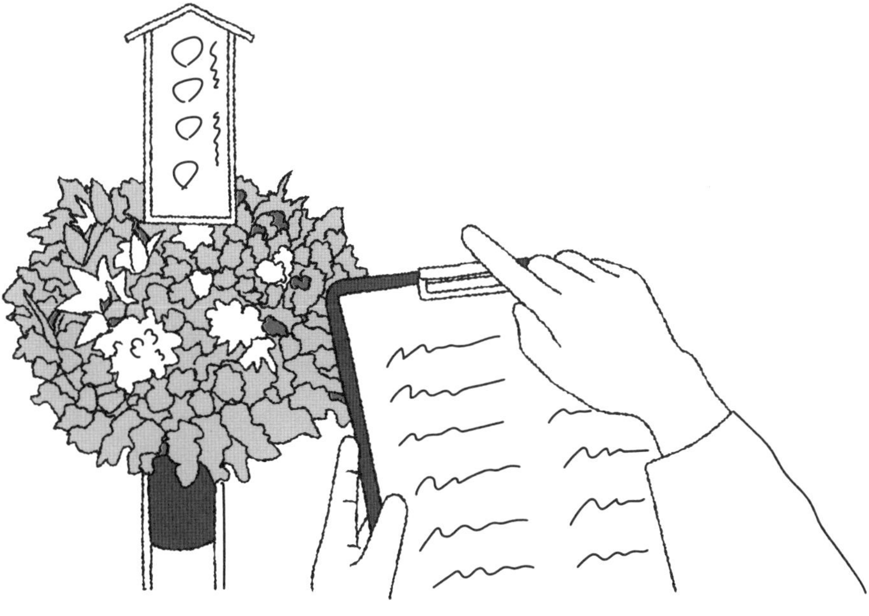

## 通夜における席次の基本

通夜や葬儀にも上座、下座の概念があります。基本的には、祭壇に近いほうが上座、遠いほうを下座と考えます。喪主の席は、最上位の上座となる「最前列の中央通路側」と決まっています。

会場の中央通路を挟んで席を左右に分けて、祭壇に向かって右に遺族席、左に一般席を設けるケースが多くみられます。一般席の上座には、世話役代表や弔辞を読む故人と親しかった友人、会社の上司などにお座りいただきます。

遺族席は「故人の血縁に近い順に家族単位で座る」とされているため、夫の親が亡くなった場合、夫の隣に妻や子どもが座っても失礼ではありません。

しかし、現実には夫とその兄弟などが上座に座り、妻や子どもたちは後ろに控えているケースがほとんどです。やはり故人との血縁が近い人ほど、「故人のそばにいたい」という気持ちが強いでしょうから、このような座り方が一般的になっています。

会場が縦長の場合

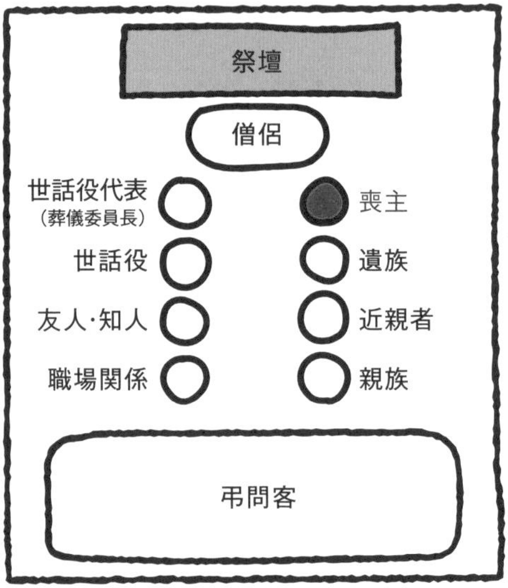


会場が横長の場合

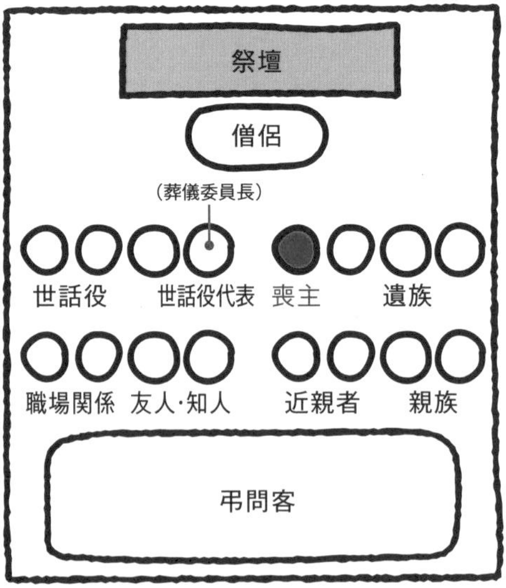


※ソーシャルディスタンスを考慮した席で、安全な環境をつくるのもマナーです。

## 弔問客への「会葬御礼」と「会葬礼状」

### 「会葬御礼」は弔問客へのお礼の品

通夜や葬儀・告別式に訪れた人へのお礼の品を「会葬御礼」といいます。

香典をいただいた方には「香典返し」を渡しますが、会葬御礼はそれとはまた別物です。香典の有無と無関係に、弔問客すべてに同じ品物を渡すことが基本です。

5百円から～千円ぐらいの金額で、日常で使うもので日持ちがして、持ち帰りやすい品物を選びます。一般的にお茶やのり、ハンカチなどが多く選ばれます。

最近では図書カードやプリペイドカードをお渡しするケースも人気です。こちらは、もらった人が自由に使い道を決められるというメリットがある反面、「会葬御礼の金額がはっきりとわかってしまう」というデメリットもありますが、捉え方は人それぞれです。故人に代わって感謝の気持ちを込めて会葬御礼の品を選べばその気持ちは伝わることでしょう。

### お礼の言葉が書かれた「会葬礼状」

会葬御礼に添えるお礼の手紙を「会葬礼状」といいます。会葬御礼も会葬礼状も、葬儀社に言えば手配してくれます。不足したら失礼に当たりますから、予想される参列人数よりも、多めに用意してもらいましょう。

ただし、葬儀社に任せた会葬礼状は、定型文がベースの堅苦しいものになってしまいます。会葬御礼も利便性は高いものの、故人とのつながりは考慮されません。

こだわりがある人は、オリジナルの原稿を作成し、それを葬儀社に依頼をすれば手配してもらえます。もし、定型文しか取り扱わない場合は、専門の業者に会葬礼状のデザイン・印刷を依頼しましょう。故人の気持ちを代弁するような、感動的な会葬御礼を手配することで、故人も喜ぶことでしょう。

# 喪主の挨拶のマナー

POINT 1
機会があるたびに丁寧に挨拶を

POINT 2
最重要の挨拶は葬儀・告別式

POINT 3
「忌み言葉」を避けて原稿執筆

※飛沫拡散防止などの観点からマスク着用で挨拶をしてもかまいません。そのときは「マスク着用のままで失礼いたします」などのひと言を添えると参列者への配慮と丁寧さが伝わります。

喪主の挨拶でもっとも大切なことは、弔問者に対して、故人に代わって御礼を伝えるという意識で臨むこと。この意識を持てば、緊張することもありません。また、喪主の立場として、これまでの故人とのお付き合いと、葬儀に参列してくれた感謝の気持ちを伝えます。

あがり症の人は、あらかじめ原稿を書いておき、読みながらの挨拶でもかまいません。原稿があれば「忌み言葉」も避けられます。

家族思い、仕事熱心だったなど、故人との思い出や人柄も伝えましょう。

## 喪主の挨拶を求められるタイミング

喪主が挨拶を求められる場面は、一度だけではありません。ただし、ほとんどの挨拶は感謝を伝える手短なものですから、あまり気負う必要はありません。準備が必要となるのは通夜の挨拶と、葬儀・告別式終了時の挨拶です。

### 通夜での挨拶

焼香《しょうこう》が終わって僧侶が退場したら、喪主が挨拶をするのが一般的ですが、会場や宗旨《しゅうし》に応じて、異なることもあります。事前の打ち合わせで進行の確認をしておきましょう。

また、万が一、葬儀社が進行の順番を間違えたとしても、慌てずに落ち着いて対応しましょう。

以前は、喪主の挨拶時に、通夜ぶるまいを用意していることや、後日の葬儀·告別式の概要を伝えていましたが、現在は、葬儀社が進行をすることがほとんどですから、これらのアナウンスは、葬儀社の進行役に任せます。

また、「焼香が終わった人から通夜ぶるまいの席にご案内」といった流れの通夜もあります。それが適切なのかどうかなど、事前に葬儀社に相談、確認をしておくと安心です。後悔しないようにしっかりと考えて納得のいく流れにしましょう。

### 通夜ぶるまいでの挨拶

通夜ぶるまいへ参加する人たち全員が集まってから始める場合、冒頭に挨拶を求められることがあります。食事の前ですから、あまりかしこまらず、簡単に済ませましょう。

親族を代表するような人に献杯《けんぱい》をお願いしておいて、「献杯は○○さんにお願いします」と言って挨拶を終えると、スムーズにバトンタッチができます。

通夜ぶるまい終了時の挨拶でも、弔問客への感謝の気持ちを加えます。なお、葬儀・告別式のお知らせも行うと親切です。

## 葬儀・告別式での挨拶

喪主の挨拶でもっとも重要度の高いシーン。近年は、葬儀を終えたらすぐに告別式に入るので、進行の仕方は、葬儀社などにより若干の違いがあるようです。葬儀社の担当者と相談しながら、弔問客に失礼のないスムーズな進行を構成しましょう。

喪主の挨拶も、ある程度の決まりはありますが、喪主以外の遺族、親族の気持ちも考慮し、オリジナルな葬儀、告別式にして何ら問題はありません。

たとえば、長男が喪主になった場合、次男が葬儀で挨拶をし、長男の喪主は告別式で大トリの役目を果たすということもあります。弔問客は、本来は告別式に参列するのですが、前述の通り、現代は葬儀と告別式が一体化されているケースが多いので、喪主の挨拶を2回聞くよりは、違う人の挨拶があったほうが、より故人のお人柄などもわかりさらに偲ぶことができますね。

挨拶をするときは、悲しみや緊張などが入り混じり、うまく挨拶ができなくなる可能性もありますから、原稿を見ながらでも構いません。ただし、棒読みになることは避け、可能な限り、自然な伝え方ができるよう、前日の夜にリハーサルをしても良いでしょう。

挨拶の構成は、葬儀社の担当者にうかがい確認をすることがもっとも安心です。

インターネットで調べることももちろん良いのですが、構成の順番は若干の違いがあります。その地域や宗派に応じて異なることもあると考えれば、葬儀社の人にうかがうほうが確実でしょう。

## 出棺するときの挨拶

棺を霊柩車に運んだあとに行います。ほとんどが、外で行われますから、暑い寒いなどの問題もあるため、短時間で終わらせるのが基本です。

## 精進落としでの挨拶

会食前の挨拶なので、簡潔でOK。通夜ぶるまいでの挨拶と同じように、最後は献杯をお願いする人にバトンタッチします。もちろん、そのまま喪主のあなたが献杯の音頭をとっても良いしょう。終了時の挨拶も、感謝の気持ちを伝えれば充分です。

## 喪主の挨拶では無視できない「忌み言葉」

喪主にとっての本格的な挨拶は、通夜と葬儀・告別式の終了時です。一般的に3〜5分程度の時間内で済ませます。喪主はやるべきことがたくさんありますが、空き時間を見つけて、原稿の準備をしておくと安心です。

原稿執筆で重要になるのが「忌み言葉」です。いわゆる言ってはいけないNGワードのことですが、次の4つのポイントを押さえておきましょう。

### 忌み言葉の4つのポイント

**❶ 「くり返し」を避ける**

立て続けの不幸を思い浮かばせるので、「くり返し」を意味する言葉は避けられます。

例：重ね重ね、たびたび、ますます、くれぐれも、次々、返す返すも、いよいよ。

**❷ 「直接的な表現」を言い換える**

死をストレートに感じさせる言葉は、別の言葉に言い換えます。

例:死ぬ→亡くなる、息を引き取る。死亡、死去→永眠、他界。生存中、生きていた頃→生前、元気だった頃。急死→突然のこと。

**❸ 「不吉な言葉」を避ける**

葬儀と無関係でも、一般的に不吉と言われる言葉も、避けたほうが無難です。

例：消える、落ちる、数字の四と九。

**❹ 「宗派・宗教によって問題のある言葉」を避ける**

一般的には問題のない言葉も、故人の宗派によっては忌み言葉となります。

例：仏式の葬儀では「浮かばれない」「迷う」はNG。浄土真宗では「冥福」「霊前」、また、キリスト教や神道では「冥福」「往生」「供養」「成仏」は使用しません。

# 喪主としての葬儀・告別式のマナー

**POINT 1**
通夜終了後に葬儀社と相談を

**POINT 2**
葬儀では参列者に感謝の意を

**POINT 3**
喪主には出棺前にも役目がある

葬儀・告別式は同じ儀式のように、続けて行われることが多いですが、本来は別の儀式でした。葬儀は近親者が故人の成仏を祈る宗教的な儀式で、告別式は故人と親交のあった人々が別れを告げるための儀式です。

通夜には仕事を終え、遅れて駆けつける人も多いなど、少々慌ただしさが漂います。それに対して葬儀・告別式は決まった時間に参列者が集まり、よりかしこまった儀式となります。葬儀社や僧侶としっかり打ち合わせをして、滞りなく進めましょう。

## 通夜の終了と同時に、葬儀社と打ち合わせを

通夜が終わったら、必ず葬儀社の担当者と打ち合わせを行いましょう。ここで最終的な葬儀・告別式の詳細を詰めます。担当者だけでは決められないことが多いため、事前に親族で相談しておきましょう。親族の決定事項について、担当者からアドバイスをもらうつもりで。担当者と話す際には、1人ではなく、信頼できる親族の年長者などに同席してもらうと安心です。

### 通夜終了までに親族で決めておくこと

- ❶ 席次と焼香の順番。
- ❷ 弔辞を依頼した人の肩書き、氏名の読み方、奉読《ほうどく》の順番の確認。
- ❸ 「読み上げる弔電」の選定（2～3通）。送り主の肩書き、氏名の読み方、紹介する順番も確認。
- ❹ 「氏名のみを紹介する弔電」の選定。送り主の肩書き、氏名の読み方、紹介する順番も確認。
- ❺ 葬儀当日に香典返しを送る場合、品物の数を確認。品物が不足した場合、葬儀社で対応可能かどうかを確認。
- ❻ 火葬場への同行者の数を確認。合わせて車の台数を調整。
- ❼ 精進落としの参加者数を確認。合わせて火葬場での軽食、精進落としの料理の数を調整。
- ❽ 棺を霊柩車まで運ぶ人の選定（棺の大きさや重さに応じて、4～6人。場合によっては8人なども。棺を運ぶ人は親族から選定する場合がほとんどです。該当者には出棺前にお願いをします）。

## 「釘打ちの儀」が終われば、いよいよ出棺

### 参加者が焼香をするときは、全員に黙礼《もくれい》を

葬儀・告別式は段取りが決まっていますから、打ち合わせと準備を入念に行っておけば、滞りなく進みます。葬儀社に依頼をしていれば、すべて、葬儀社の担当者が誘導してくれますから、迷うことなどはないでしょう。万が一、ハプニングがあった場合は、慌てず対応しましょう。

喪主や遺族にとってもっとも重要な役割は、故人との別れの場に足を運んでくれた方々に感謝の意を表することです。参列者が焼香する際は、遺族揃って1人ひとりに黙礼を。弔辞をいただく際も相手の一礼に対してきちんと頭を下げます。

### 「お別れの儀」と「釘打ちの儀」

告別式のあとは、故人と近しい人たちが会場に残り、「お別れの儀」を行います。お別れの儀のメインは「別《わか》れ花《ばな》」で、棺に眠る故人の周りに、近しい人たちが供花を飾ります。

お別れの儀が終わり、親族一同で棺のふたを静かに閉めたら、小石で軽く2回ずつ釘を打つ「釘打ちの儀」を行います。釘打ちの儀が終わったら、いよいよ出棺です。

### 僧侶を先頭にして、棺を霊柩車に納める

別れ花、釘打ちの儀ともに、喪主から順に行います。ただし、浄土真宗など宗派によっては、釘打ちの儀は行われません。出棺の際、遺体の足と頭のどちらを先にするかも、地域によって異なります。葬儀社のアドバイスに従いましょう。

僧侶を先頭に、位牌を持った喪主、遺影を持った遺族が続き、棺を霊柩車に納めます。遺族は出棺を見送ってくれる人たちに向かって並び、喪主が挨拶して謝意を述べます。

ただし、近年は、この段階まで僧侶が同席しているかは個々によります。事前の打ち合わせでどのようにするか、葬儀社の担当者と相談すると良いでしょう。

霊柩車に棺を納めるときなど、こういうときにはどうすればいいのか、迷ったり不安になったりする方もいらっしゃると思いますが、葬儀社にお任せしている場合は、その指示に従うことが大切です。勝手な判断で動くほうが混乱を招きます。

# 火葬場でのマナー

**POINT 1**
**火葬場に着いたら火葬許可証を**

**POINT 2**
**骨《こつ》上《あ》げは喪主が最初と最後を**

**POINT 3**
**火葬場から戻ってもやることが**

出棺後は、親族や会葬者1人ひとりに改めて感謝を表しながら、葬儀を締めくくることが大切です。運転手や火葬場のスタッフへの心づけは事前に用意し、信頼できる世話役に預けて渡してもらうと、喪主の負担が軽減されます。

葬儀終了後は、親族や世話役、手伝ってくださった人たちから手早く引き継ぎを受け、心づけや必要経費などの立て替えがないか確認します。以前は、翌日か翌々日には改めて挨拶にうかがい、お礼の言葉と心づけを贈ったりもしていましたが、現代は、双方、忙しかったり、遠方であったりするとそれをすることはできませんから、事前にそういう人たちへの御礼を準備しておくことをおすすめします。当日、その方々がお帰りになる際に、御礼とちょっとした気持ちのお菓子や心づけなどに一筆したためたものをお渡しするとあなたの気持ちが伝わり、故人も安心することでしょう。その場でお礼を済ませることで、後日の負担も軽減されます。

# 火葬が終わるまでは、控え室で一休み

## 火葬場では「火葬許可証」の提出を忘れずに

火葬場に到着したら、「火葬許可証」を係に提出します。耳慣れない言葉だと思いますが、火葬が多い日本では欠かせない書類です。分骨する場合も、あらかじめ葬儀社に伝えておき、火葬許可証の提出の際に確認します。

火葬許可に関する手続きは、葬儀社に依頼すれば代行してくれます。自身で行う場合は、市区町村役場へ死亡届を提出する際に火葬（埋葬）許可申請書を出し、手続きを行います。この際に、故人の本籍地や現住所、火葬地を記載する必要がありますから、これらの情報を持って手続きに行きます。

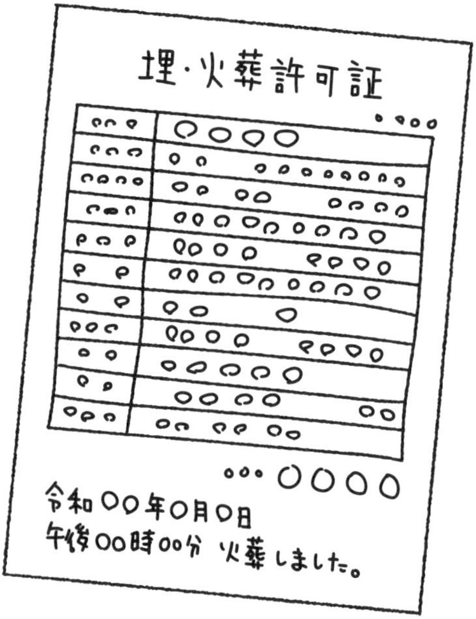


## 火葬を待つ間も、参列者への感謝を伝える

棺を炉の前に安置したら、祭壇に位牌《いはい》と遺影、葬儀社が用意してくれる香炉《こうろ》や燭台《しょくだい》、生花、供物などを飾ります。

僧侶が火葬場に同行する場合は読経してもらい、喪主から順に全員が焼香し、最後のお別れを告げて、棺を炉に納めます。僧侶が同行しない場合は、焼香のみ行います。

火葬には1～2時間ほどかかるので、控え室で待機します。その間、茶菓子や酒、軽食をふるまう場合もあります。僧侶がいる場合は上座に座ってもらい、喪主はその横でもてなしましょう。また、同行してくれた参列者、親族に声をかけ、改めて感謝を述べ、故人を偲んで静かに歓談します。

# 故人との最後の別れが「骨上げ」

## 喪主が最初と最後の骨を拾い上げる

火葬が済んだら「骨上げ」を行います。まずは喪主が竹の箸を持ち、骨を1片拾い上げ、骨壺に納めます。

以降は2人1組で、それぞれが竹の箸を持ち、ひとつの骨を両端から挟んで骨壺に納めます。2～3片を骨壺に納めたら、次の組と交代します。足、腕、腰と下半身から上へと拾い上げるため、骨壺の一番下が足の骨となります。

最後に再び喪主を含む組が箸を手に取り、のど仏の骨を骨壺に納めたら、骨上げは終了です。こちらも火葬場の担当者からの指示に従い執り行うことがほとんどですから、心配することはありません。うまく骨を拾い上げられるか緊張すると思いますが、故人への感謝の気持ちを心のなかで唱えながら行えば問題はありません。気持ちを込めて行うことが大切です。

また、関西では骨を全部拾わず、骨壺に一部だけを納めるのが一般的です。地域によって箸の素材も異なるなど、地域差の大きい儀式です。

とはいえ、故人をあの世へ「橋渡し（箸渡し）する」という意味には地域差がないので、思いを込めて臨んでください。

## 骨上げが終わったら、「還骨法要《かんこつほうよう》」

骨上げが終わったら、係の人が骨壺を白木《しらき》の箱に詰め、白い布で覆ってくれるので、喪主が胸に抱え持ちます。

その後、葬儀式場や寺院、自宅などに戻り、お骨になって帰ってきた故人を追悼する「還骨法要」を行います。宗派によって、「還骨勤《ごん》行《ぎょう》」「安位諷経《あんいふぎん》」などともいいます。

還骨法要では、「後飾り祭壇」に遺骨、位牌、遺影を安置し、僧侶に読経、供養していただきます。

## 現代の「還骨法要」と「精進落とし」

以前は、骨上げのあとは、自宅に戻り、四十九日まで設ける「後飾り祭壇」、「初七日《しょなのか》法要」などを行っていました。「精進落とし」は、本来、初七日法要後に行われるものです。

しかしながら、近年、遠方の遺族、親族などの負担などを考慮し、葬儀・告別式と併せて「初七日法要」を行うことが一般的になっています。これを「繰り上げ初七日法要」「付け七日法要」などといいます。

したがって、「精進落とし」（御斎《おとき》）もその当日に行われるようになっているわけです。僧侶がいない場合は、遺族の焼香が「還骨法要」となります。

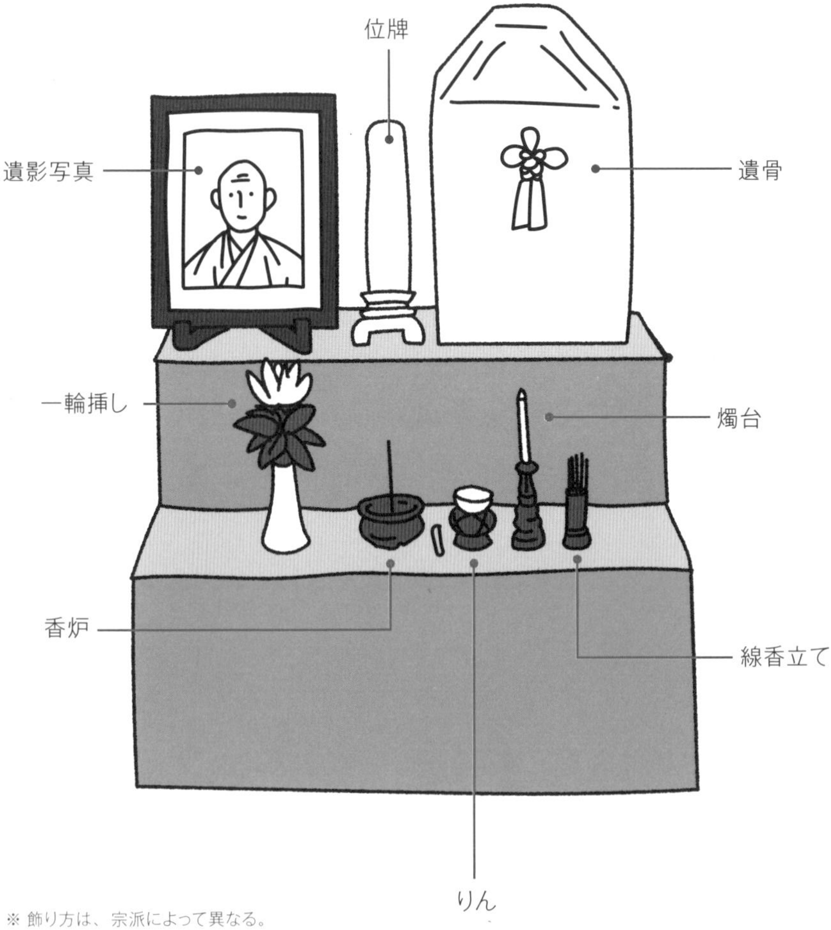


※ 飾り方は、宗派によって異なる。

## 葬儀に関わってくれた人たちをねぎらう「精進落とし」

還骨法要のあとは、僧侶や葬儀に尽力してくれた人々を宴席でねぎらう「精進落とし」を開きます（状況などに応じて行わない場合もあります）。

世話役や僧侶を上座に、喪主や遺族は末席に座ります。喪主は宴の初めにお礼の挨拶を述べたら、1人ひとり酌をしながらもてなしましょう。

僧侶が参加しない場合は、通夜のときと同じように、御膳料を包みます。精進落としの参加不参加と無関係に、必ず「御車代」を渡すことも同じです。それぞれの封筒を、事前に用意しておきましょう。

## 家に着いたら

自宅に戻ってきたら、玄関先でお清めを。一般的には、留守番の親族から両手に水を、胸や背中に塩をかけてもらうと言われてきましたが、近年では自分で「塩祓い」だけを行ったり、さらには、何もしない傾向になっていますので、無理に行う必要はないと考えてよい時代になっているといえましょう。浄土真宗は、もともと清めの儀式をしません。

自宅には、四十九日の忌《き》明《あ》けまで設ける「後飾りの祭壇」を用意し、遺骨と位牌、遺影を安置します。先述の通り、斎場ですでにその儀式を終えている場合は、灯明《とうみょう》をともし、線香をあげます。僧侶の読経はすでに終えているので不要ですが、斎場で執り行っていない場合は、自宅にて読経していただくと良いでしょう。

### 自分の葬儀と向き合っていれば、家族のことも見送れる

自分が喪主になったときに、どのように執り行うのか、故人の意向を生前に確認しておくことが大事なことと思われます。

万が一の際に、自分が喪主になる可能性がある人は、終活の一環として、互いにどのような葬儀、その後の法要を行って欲しいかなど、確認し合うことも大切なマナーのひとつです。

# 香典返しのマナー／お礼のマナー

POINT 1
香典返しは
葬儀当日でもOK

POINT 2
高額だった場合、
別に商品も

POINT 3
葬儀関係者に
「お礼」を用意

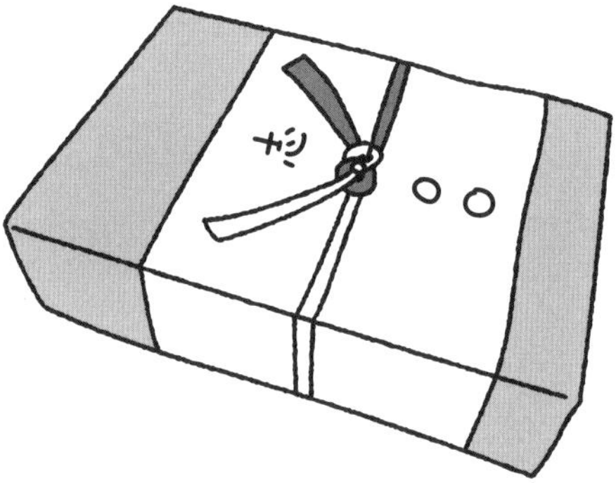


喪主の役割を務めることは、心身ともにとても大変なことです。とはいえ、葬式は喪主１人だけの力ではできません。

参列者はもちろんのこと、葬儀社の方々、霊柩車の運転手、火葬場の方々、世話役を筆頭に、裏で働いてくれたお手伝いの方々……。

さまざまな人の御心からなる儀式により、故人との現世における最後の別れができたのです。そうした方々に礼を尽くしてこそ、「喪主としての役目を果たした」と言えるのです。

# 「香典返し」は何をどのように渡すのか

## 葬儀の場で渡す「当日返し」も増えてきた

最近では香典返しは、葬儀の場で渡す「当日返し」が増えてきました。2千～3千円程度の一律の額で品物を用意し、式場の出口で帰りに手渡します。

香典返しの掛け紙には、水引より上に「志」「忌《き》明《あけ》」「満《まん》中《ちゅう》陰《いん》志《し》」「粗《そ》供《く》養《よう》」のいずれかを表書きし、水引より下に家名か喪主のフルネームを書きます。

水引は黒白、または黄白の結び切りとなりますが、関東と関西で形が異なります。

関東式

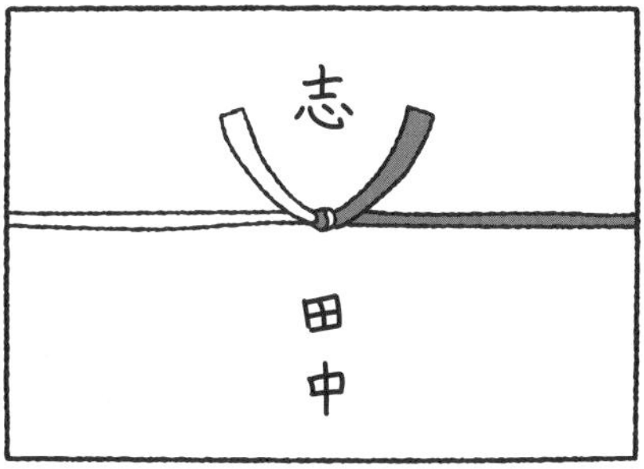


関西式

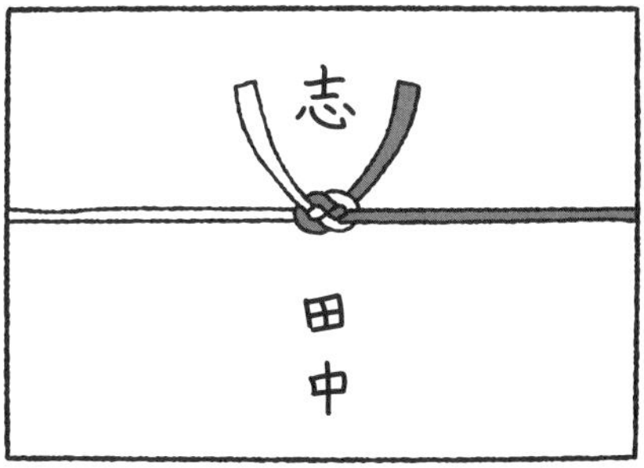


※ 上記の表書きは仏式の場合。宗派によって異なることも。神式では「今日志」「偲び草」などが、キリスト教式では「召天記念」「偲び草」などの表書きが使われる。「志」だけは宗教宗派を問わず使用可能。

## 特に高額だった人へは、別途「お礼の品」も送る

香典が高額だった人には、当日返しだけでは足りないので、忌明け後に改めて品物を贈りましょう。もともと仏式では、忌明けに挨拶状を添えて、香典返しとしていただいた金額の3分の1から半分を目安に、タオルやお茶などの日用品などを選んで送るのが一般的でした。近年では、自身で好みのものを選べるカタログギフトを贈るケースも増えてきました。こちらは前述のメリットの反面、相手側で選んで投函するというお手間をかけさせることもあり、なかには面倒ということでそのままにしてしまう人もいらっしゃいます。相手の年齢や好みに合わせて選ぶと良いですね。ただし、「香典返し不要」と書き添えてあった場合は、高額でも香典返しを渡さないのが礼儀です。

## 後日、香典の入れ忘れに気づいたら

参列者が「香典袋」にお金を入れ忘れるのは、決して珍しいことではありません。受付では受け取ったその場で、中包みまで開けて確認はしません。後日、会計係の人が整理していて、お金が入っていないことに気づくのです。

このような場合は催促するのがはばかられます。故意に入れ忘れることはないと思われますから、そのまま黙っていることです。交通代をかけて故人のために足をお運びくださった気持ちに感謝し、それで十分でしょう。また近年は、香典を辞退するケースも増えています。

一方、先方がそれに気づき、連絡をしてきた場合には、「お気持ちだけで充分でございます」とお伝えすればいいでしょう。もし、目の前でお札を出してきたり、現金書留で届いた場合は、ありがたくいただき、帳簿に書き込み、故人へ報告をします。

# 御心への感謝の「お礼」も

多用の中、お手伝いをしてくださった方々へ感謝の気持ちをお渡ししましょう。金額に決まりはありません。ここでは、ご参考までに目安を記します。

## お手伝いしてくれた人へのお礼の目安

葬儀を手伝ってくれた方々にもお礼は必要です。世話役代表には「御礼」と書いた白封筒に、1万~2万円を入れてお渡しします。受付や会計、接待などを担ってくれた人にも、「御車代」と書いて5千円程度を当日、お帰りになる際にお渡しします。

これらの金額はあくまでも目安です。心づけは地域などによってその金額に対する考え方などが異なるので、一般的に失礼のない金額を葬儀社の方にうかがってから決めると安心です。

故人や喪主の勤務先の人たちに手伝ってもらった場合は、人数分が個包装されている菓子折りなどを感謝の手紙と共にお渡しします。弔辞を読んでもらった方には、菓子折りにお礼の手紙を添えます。これらの方々には、葬儀後3日以内に訪問するか、持参できない場合はお送りします。

**お手伝いしてくれた人へのお礼の目安**

| | |
|---|---|
| 世話役代表 | 1万～2万円（名目は「御礼」） |
| 受付、会計、接待係など | 5千円（名目は「御車代」） |
| 勤務先の人 | 人数分が個包装されている菓子折り。金額は人数によって異なるが、最低3千円以上 |
| 弔辞を読んでもらった人 | 菓子折り（外箱に入った贈答用のお菓子）。金額は、3千円から5千円程度 |

## 運転手や火葬場関係者へのお礼の目安

ほかにも次の一覧を参考に、その都度お礼を渡しましょう。いずれもすぐに渡せるように、白封筒に入れて用意しておきます。運転手や火葬場の方々には、滞りなくその仕事を終え、その場で別れる際に手渡しをします。ただし、近年コンプライアンス上、このようなお心づけを辞退するよう規定されている会社も多いですし、これらは費用に含まれています。また公営の火葬場では、心づけを受け取ることが禁止されているので、事前に葬儀社などに確認をしておくことは大事なことです。

なお、葬儀社担当者にお礼を伝えたい場合も同様です。お渡しをしても良い場合は、当日に、菓子折りをお渡ししても良いでしょう。もちろん、後日でも構いません。

**運転手や火葬場関係者へのお礼の目安**

| | |
|---|---|
| 寝台車運転手 | 2千～5千円 |
| ハイヤー・マイクロバス運転手 | 2千～3千円 |
| 霊柩車運転手 | 3千～5千円 |
| 火葬技師 | 3千～5千円 |
| 火葬場休憩室係員 | 2千～3千円 |
| 火葬場料理配膳スタッフ | 2千～5千円 |

# 第3章

# 親族になったときの「慶事のマナー」

若い頃は招待される側の私たちでしたが、
わが子や孫の結婚式など、
招待する側にもなってきます。
必然的に、
立場に見合った振る舞いや服装も求められます。
慶びの場にふさわしい、
品格ある態度で参列しましょう。

# 「両家の顔合わせ」のマナー

**POINT 1**
常に
子どもたちの
意見を尊重

**POINT 2**
「顔合わせ」は
極力
早めに行う

**POINT 3**
お相手の
ご実家との
関係に注意

わが子から結婚の報告を受けたときは、さまざまな思いが湧き上がってくるでしょう。言いたいこともあるかもしれませんが、結婚を決意した本人たちの気持ちを尊重するのが、子どもを愛する親の姿。もしも、気になる点があれば、お互いに心と心を挨《ひら》き、納得するまで話し合いましょう。

そして、お相手のご家族とのお付き合いもスタートします。自分の子どものためにも品良く、結婚式の形式やその他の準備など、気持ちよく相談をしながら心地よい関係を築いていきましょう。

## 子どもから「結婚したい」と言われたら……

### 「結婚する2人が主役」と覚悟を決める

結婚は家族同士の問題でもありますが、何よりも本人同士の問題です。お互いが真剣に結婚を望んでいるのなら、親としてそれを見守ってあげましょう。

年長者としてアドバイスを与えることも必要ですが、頭ごなしに否定するのはNG。現代は結婚式のスタイルもさまざまですし、結婚のあり方も多種多様。大切なのはどの選択をするかより、「結婚をする二人がどのように考えて何を望み選んだのか」に耳を傾けることです。

### 結婚式や結納《ゆいのう》も、2人の意思に委ねる

家系や地域によっては「仲人《なこうど》を立てて結納をすることがしきたり」というケースもあるかと思います。しかしながら、ここでも真に大切なのは、当事者である2人がどう思っているのかです。まずは2人の気持ちや考え方を確認しましょう。

2人が「親しい仲間内だけのパーティーがいい」と考えているのなら、無理に披露宴を挙げさせることもありません。結婚後の生活や生計の立て方についても、きちんと確認した上で、親としてできることをすればいいのです。

## 「両家の顔合わせ」は互いの気持ちがベストのときに

### お相手のご家族との、お付き合いの第一歩

結婚が決まったら、お相手のご家族への挨拶も必要ですね。いわゆる「両家の顔合わせ」です。こちらはできるだけ、早めに済ませたほうがいいといわれていますが、それぞれの状況に応じた形でかまいません。肝心なことは、結婚をする本人同士が幸せになること。その家族は、温かく見守る立場になりますから、顔合わせのタイミングも、両家の気持ちが心地よいと感じるよきタイミングがベストといえます。子どもとお相手を通じて連絡を取り合い、お互いにとってベストな日程と場所を調整しましょう。

以前は男性が親を連れて、女性宅へ出向く形式が一般的でした。現代はそうしたしきたりや慣習よりも、お互いの気持ちを優先させる時代へと変化し、ホテルやレストランに集まり、和気藹々《あいあい》と食事をしながら「顔合わせ」をするケースも増えていましたが、今、再び、以前のように自宅で行うケースも状況に応じてあります。

## 両家の顔合わせでの挨拶と自己紹介

基本的には次の流れで、全員の挨拶を行います。

❶
**男性が自分の親を紹介。**

❷
**男性の親が自己紹介。**

❸
**女性が自分の親を紹介。**

❹
**女性の親が自己紹介。**

挨拶が終わったら歓談をして、縁談の歓びを分かち合います。歓びすぎて、アルコールを飲みすぎないように注意してくださいね。

## 服装は「両家の格」に差を出さないこと

顔合わせの際の服装は、「両家の格」を合わせることがマナーです。一方が正礼装ならもう一方も正礼装、一方が準礼装ならもう一方も準礼装といった具合です。

近年は和《わ》気《き》藹々《あいあい》と、略礼装で行う方々が多いようです。いずれにしても、互いにどのような服装で出向くのか、結婚する2人を通じて確認し合いましょう。

正礼装については本章、準礼装と略礼装については次章で、詳しく説明します。

## 相手を立てながらも、率直な意見交換を

顔合わせの際はお相手のご家族に、結納や結婚式についての考え方や希望を確認し、意見をすり合わせましょう。家族の考え方、地域的なしきたり、形式、仲人や媒酌人《ばいしゃくにん》を立てるかどうかなど、細かい部分まで確認をし合うことが大切です。そうすることで、この先がスムーズに進みます。遠慮することなく、面と向かっているこの機会に、皆さんでしっかりと確認し合いましょう。

結納には大きく分けて、「正式結納」「略式結納（集合型結納）」「簡略式結納」の3つがあります。仲人を立てない簡略式結納の場合は、両家の顔合わせの場で結納品を交換することがよくあります。

もし、簡略式結納を考えているのであれば、結婚する2人を通じて顔合わせの前から、両家の意見をすり合わせ、当日に臨むと安心ですね。

※ソーシャルディスタンスを考慮した席で、安全な環境をつくるのもマナーです。

## 「お相手のご家族との関係」の注意点

### 密に連絡を取り、式の内容を詰める

両家の結婚式や結婚生活に対する考え方が、一度の顔合わせで一致すると良いのですが、そうとは限らない場合もあります。一度は一致したものの、結婚式が近づくにつれて、考え方や気持ちが変わったということもなきにしもあらず。そのような事態に備えて、お相手のご両親とは式直前まで、子どもを介しながら、齟《そ》齬《ご》のないように確認をし合っておくと安心です。

なお、正式な結納を行うと決めた場合は、日取りや形式も決めなければなりません。結納式と結婚式の資金についてそれぞれの負担をどうするのかなども、事前に話し合っておくべき大切なことです。

### これから親戚になる間柄。配慮を欠かさずに

わが子の義理の親などになるといっても、入籍や結婚式を終えるまでは、正式な家族ではありません。馴れ馴れしくしすぎると、失礼だと受け取られてしまうことも。訪問時には手土産を持参するなど、気遣いや気配りは大切です。

また、結婚式前でも相手側の慶事・弔事があったら、最大限の礼を尽くしましょう。御祝儀や不祝儀はもちろんのこと、ときには冠婚葬祭への参列も必要になるかもしれません。

お中元やお歳暮については、相手のご両親が「そこまでは……」と積極的でない可能性もあります。お互いに贈るのか贈らないのかも、子どもを通じて確認をしておくと安心ですね。一方だけが、突然贈るというのは避けたほうが良いでしょう。先方が変に気を悪くされては本末転倒です。

# 「仲人」「媒酌人」を立てる

**POINT 1**
**「仲人」と「媒酌人」の違いに注意**

**POINT 2**
**どちらも「夫婦2人」に依頼する**

**POINT 3**
**誰に頼むかは新郎新婦に任せる**

お見合い結婚が主流だった時代は、「仲人」を立てるのが一般的でした。仲人は結婚後も両家の間を行き来して、夫婦関係が円滑になる手助けをしてくれる大切な存在だからです。

恋愛結婚が主流になった現代では、必須ではなくなりましたが、仲人をお願いする結婚式も珍しくありません。仲人の代わりに「媒酌人」をお願いするケースもありますね。媒酌人には結婚式当日に限り、新郎と新婦のサポートをしてもらいます。

## 両者の共通点と相違点を押さえておく

まとめて「仲人・媒酌人」と呼ばれることもあるように、「仲人」と「媒酌人」の役割はよく似ています。ただし、完全に同じというわけではありません。親としてこれらの違いは押さえておきたいものですね。なお、仲人も媒酌人も、一般的には「ご夫婦」にお願いすることになります。

### 結納から結婚後まで役割がある仲人

仲人には本来、両家に縁談を持ちかけて、お見合いへとつなげる「世話人」の役割があります。男女の出会いをセッティングするわけですから、以前は必然的に「両家をよく知るご夫婦」が務めることが多くありました。

結納においては「結納品などの受け渡し」のため、両家の間を行き来してもらいます（略式結納では両家が一堂に会するため、仲人は両家を行き来する必要がなく、結納の場に同席してもらう形となります）。

結婚式当日は「結婚の証人」として、挙式に立ち会ってもらいます。結婚後は「後見人」として2人を見守り、何かあれば相談に乗ってもらいます。このように仲人には、数多くの役割があるのです。

ただし、こうした本来の役割を、すべての仲人が果たしているわけではありません。

最近は結納を交わしたあと、新郎新婦から頼まれる形で関わる「頼まれ仲人」と呼ばれる夫婦もいます。このような仲人夫婦の役割は、「媒酌人」と大きく変わりません。

### 媒酌人の役割は「結婚式と披露宴」に限定

媒酌人も仲人同様、知り合いのご夫婦にお願いするのが一般的です。ただし、媒酌人の役割は「結婚式当日だけ」に限られます。仲人の数ある役割のうち、「結婚の証人」としての役割だけを抜き出した、ともいえるでしょう。すでに仲人夫婦を立てている場合、その方に媒酌人の役割もお願いするため、結婚式では「仲人・媒酌人」と呼ばれます。

媒酌人には結婚式当日、まず挙式に立ち会ってもらいます。披露宴ではめでたく式を挙げたことを、招待客に紹介してもらいます。挨拶やスピーチをお願いすることもあるため、媒酌人の披露宴での座席は、新郎新婦の横となります。

## 仲人や媒酌人と、どのように関わるべきか

### 最近は「両家をよく知るご夫婦」がいないことも

仲人も媒酌人も、「両家をよく知るご夫婦」に務めてもらうのが理想です。しかし、恋愛結婚が多くなった現代では、そうしたご夫婦が存在しないケースが大半です。

このような場合は、「新郎か新婦のどちらか一方と縁があるご夫婦」にお願いすることになります。どちらかの会社の上司や、学生時代の恩師にお願いすることが多いですね。結婚相談所を通じて、仲人をお願いする結婚式も増えています。

### 仲人よりも媒酌人のほうが頼みやすい

結婚が決まってからお願いする場合、仲人であっても媒酌人であっても、先方の負担はさほど変わりません。それでも媒酌人としてお願いするほうが、相手ご夫婦の気持ちは楽になる面があります。媒酌人の役割は、完全に結婚式当日だけに限定されるからです。仲人ほど堅苦しくないことも、理由になるのかもしれません。

媒酌人はご夫婦であれば、基本的には誰でもOK。新郎か新婦の友人でも、行きつけのバーのマスターでも問題ありません。もちろん、親戚のご夫婦にお願いしてもかまいません。

### 適任者がいなければ、無理に探さない

一昔前は仲人と媒酌人といえば、結婚式に不可欠な存在でしたが、最近はそうでもなくなりました。仲人を立てない結婚式は広く行われていますし、格調高い式場でも、仲人不在というケースは珍しくありません。適任者がいなければ、無理に探す必要はないわけです。

仲人や媒酌人を誰にするのか、そもそも仲人や媒酌人が必要なのか、新郎新婦の意見を尊重しましょう。結婚式の主役はあくまでも、新郎新婦なのですから。アドバイスを与えつつも、若い2人の最終的な結論を受け入れるのが、親としての役目です。

## 相場を押さえた上で「御礼」を用意する

新郎新婦の親として行うべきことは、仲人や媒酌人に対する「御礼」を用意しておくことです。新郎新婦が用意しているとは限りませんからね。御礼の相場は10万～30万円。別途、結婚式当日の御車代として、1万～10万円が必要となります。

縁談を持ってきてくれる昔ながらの仲人ご夫婦には、お見合い当日に菓子折りをお渡しするとよいでしょう。結納式では結婚式とは別に、御車代をお渡しします。

## 御礼を渡すタイミングは「結婚式当日」

仲人や媒酌人への御礼は、「結婚式当日」に渡すことが基本です。特に当日、「最初の挨拶」のときに渡すのが理想です。お金をやり取りしている姿を、第三者に気づかれないこともマナーですから、感謝を伝えつつも素早く渡しましょう。

結婚相談所などを介して仲人をお願いする場合には、それぞれの規定があると思いますので、渡し方も含めてそれに従うことになります。

### 親としてどこまで、意見とお金を出すべきか

結婚について、親が事細かに口を挟む時代ではなくなりました。結婚資金やその後の生活資金も、親が一方的に与える必要はないでしょう。子どもたちと相談して、その上で必要なら、サポートすればよいのではないでしょうか。

あくまでも強制はせず、2人の気持ちや意見を尊重することが大切です。仲人や媒酌人への心づけも、子どもたちが「自分で用意する」と言うのなら、任せましょう（結婚式当日の新郎新婦は時間に追われているので、子どもが用意した場合でも、親が預かって親から渡す形式が一般的です）。

若い2人に金銭的な援助をする際は、お相手のご実家の状況なども配慮できるとよいですね。お相手のご実家が「結婚して独立したのなら、自分たちで生計を立てるべき」といった考え方をもっているにもかかわらず援助をすると、先方は気分を害されるでしょう。「黙っていればわからない」と思っても、いつ何時、何らかのきっかけで知られる可能性もあります。お互い心地よい関係であり続けるために、慎重に対応することは大切です。

# 親族の身だしなみ ～男性編～

**POINT 1**
親族は
基本的に
「正礼装」着用

**POINT 2**
和装は
黒羽二重染め抜き
五つ紋付き

**POINT 3**
洋装は
時間帯で選ぶ
服が変わる

※周囲に迷惑をかけないため、また、ご自身の命、健康を守るため、状況や必要に応じて、マスクを着用してもかまいません。場合に応じてフェイスシールドなどの着用や手などの除菌消毒を求められたりした場合は、それに従うのもマナーです。

親族として結婚式に列席する場合、お祝いの気持ちとともに、その場にふさわしいドレスコードが必須です。

一般的に親族は「正礼装」で列席します。正礼装は着方はもとより小物類に至るまで、細かい決まりがあります。面倒だからと中途半端な装いにしていると、数年後に撮影した写真を見返して、後悔することにもなりかねません。

ここはしっかりと王道を押さえ、新郎新婦や親族に恥をかかせることのないようにしましょう。

## 和装の正礼装　～男性編～

第一礼装とも呼ばれる「正礼装」は、冠婚葬祭や各種式典において、もっとも改まった礼服です。冠婚葬祭では主催者側は正礼装ですから、新郎新婦並びにその両親は必然的に、正礼装を着用することになります。和装の場合は「黒羽二重染め抜き五つ紋付き」が正礼装となります。新郎新婦の華やかな出で立ちとも、同格として扱われます。

一方、「準礼装」は通常礼装とも呼ばれ、正礼装と比べるとわずかに格下となります。結婚式・披露宴に招待された場合の主流となるスタイルです。

- 黒《くろ》羽《ば》織《おり》は黒羽二重染め抜き五つ紋付き。
- 羽織紐は白を。
- 細い縞柄の袴。
- 手には白い扇子を持つのが正式。
- 状況に応じて、マスクなどの着用をします。和礼装に合うマスクもあります。

# 洋装の正礼装　～男性編～

洋装の正礼装は、時間帯によって異なります。日が昇っている間はモーニングコート、夕方以降は燕《えん》尾《び》服（テールコート）かタキシードになります。

## 日中／モーニングコート

- シャツは高級感のある白無地。ストライプなど柄物は避ける。
- ネクタイは白黒の縞柄、シルバーグレーなどが一般的。
- ズボンは細い縞柄。
- ワニ革やヘビ革のベルトや靴はNG。
- 胸ポケットには麻かシルクの白いポケットチーフを入れる。
- 状況に応じて、マスクなどの着用をします。洋礼装に合うマスクもあります。

**夕方以降／燕尾服**

**夕方以降／タキシード**

※ ドレスコードに「ホワイトタイ」と書かれていれば燕尾服（テールコート）、書かれていなければタキシードとなる。

## 未婚男性が結婚式の主賓を務める場合

未婚男性が弟や妹の結婚式に出席する場合、「紋付き袴やタキシードは避けたほうが無難」などといわれますが、これはそれぞれの状況に応じます。

たとえば、弟や妹などの親代わりとして列席する場合は、第一礼装といわれる正礼装にしてもよい場合もありますね。お相手側の親と同格の服装で臨むほうが、招待客の方々にいらぬ気を遣わせないことになるのではないでしょうか。もちろん、お相手側の親に対する礼を尽くしたいということであれば、あえて格下の装いにするのもありです。ただし、この場合も既婚か未婚かで、服装を変える必要はないでしょう。

一方、未婚でも既婚でも親がいる場合は、「親を立てる」という意味において、紋付き袴やモーニングコートなどの正礼装を控える傾向にあります。

いずれにせよ、迷ったり、どうすればいいのかわからない場合には、式場の人にたずねることがもっとも安心です。自分たちだけで式を行う場合には、フォーマルウエアのお店に問い合わせてみましょう。

# 親族の身だしなみ
# ～女性編～

**POINT 1**
**和装の場合は「黒留袖《くろとめそで》」が基本**

**POINT 2**
**五つ紋付きなら「色留袖《いろとめそで》」も可**

**POINT 3**
**昼間は光るアクセサリーはNG**

※周囲に迷惑をかけないため、また、ご自身の命、健康を守るため、状況や必要に応じて、マスクを着用してもかまいません。フェイスシールドの着用や手の除菌消毒などを求められたりした場合は、それに従うのもマナーです。

わが子の結婚式は、母親にとっても晴れ舞台。そこに列席するときは、やはり正礼装を身に付けましょう。既婚女性にとっての正礼装は、五つ紋付きの黒留袖が基本です。

とはいえ、滅多にない和装のチャンスだからこそ、色鮮やかな着物も選びたいもの。

色留袖も五つ紋付きなら、黒留袖と同じ正礼装として使うことができます。三つ紋付きの色留袖は準礼装ですから、その場所に応じて使い分けましょう。

# 和装の正礼装　～女性編～

結婚式に列席する両家の母親と女性の親族は、「五つ紋付き」の黒留袖を着るのが基本マナー。

弔事の正礼装は黒無地の五つ紋付きでしたが、慶事の正礼装は黒をベースとしながらも、下半身にきらびやかな刺繍が施されているのが特徴です。風格と華やかさを兼ね備えた出で立ちとなります。

生地全体が色鮮やかな「色留袖」は、黒留袖ほどフォーマルではありませんが、五つ紋付きは黒留袖と同格に扱われます。親族や仲人が身に付けても問題ありません。色留袖については、97 ページで詳しく説明します。

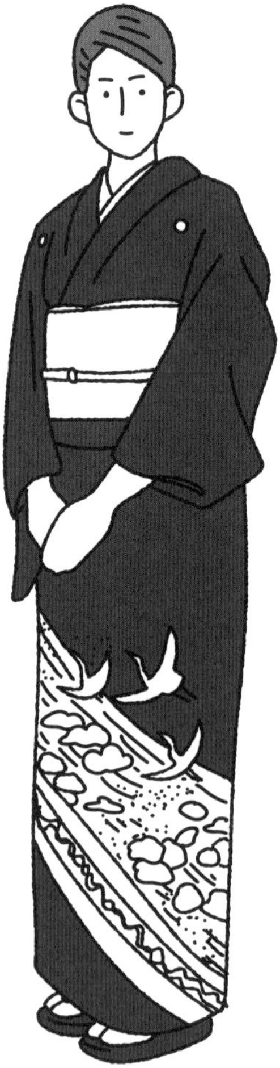

- 着物の柄は、
  下半身のみに模様の入った
  「江戸褄模様」が一般的。
- 半衿は必ず白。
- 帯揚げと帯締めは白か、
  白に金糸をあしらったもの。
- 帯は金糸と銀糸をあしらった
  華やかな柄。
- 帯に金銀地紙に
  骨が黒の扇子を差す。
- 状況に応じて、
  マスクなどの着用をします。
  和礼装に合うマスクもあります。

## 洋装の正礼装　～女性編～

洋装は時間帯で規定が異なります。もっとも格式の高い正礼装は、昼間はアフタヌーンドレス、夕方以降はイブニングドレスとなります。未婚女性の正礼装は、ドレッシーなワンピースドレスが一般的です。

**日中／アフタヌーンドレス**

**夕方以降／イブニングドレス**

- アクセサリーは、日中はパールや半貴石。夜はダイヤモンドなど光るもの。
- タイツを避けてナチュラル色のストッキングを。
- 靴は昼夜ともにヒールのあるパンプス。布製がもっとも格式が高い。
- バッグは小型のクラッチかハンドバッグ。こちらも布製が最上位。
- ワニ革やヘビ革のベルトや靴はNG。
- 状況に応じて、マスクなどの着用をします。洋礼装に合うマスクもあります。

## 未婚女性の正礼装は「振袖」か「色留袖」

親族の未婚女性の場合、「振袖」と「色留袖」が正礼装となります。袖の下が短い留袖に対して、袖の下が長い着物が振袖です。

振袖は基本的に、未婚女性が身に付ける着物とされています。成人式の女性が着ている着物は、ほとんどの場合は振袖です。なぜ未婚女性が振袖を着て、既婚女性は着ることがないかというと、昔、女性は袖で男性に愛情を表現していたからです。ですから、未婚であれば、年齢問わず、振袖を着ても良いわけです。

とはいえ、未婚であったとしても、あえてそれを伝える必要もありません。たとえば、50代で未婚の場合は、色留袖を着用することで、正礼装としてその場に上品な格と華やぎを添えることができます。

色留袖は既婚女性も未婚女性も身に付けてOK。家紋が多いほうが格が高く、三つ紋は準礼装として、五つ紋は正礼装として扱われます。

## 時間帯によってアクセサリーも変わる

西洋では「昼間は光るアクセサリーを避けるのがマナー」とされているので、明るいうちはパールや布製のコサージュなどを選びましょう。夜は輝くダイヤモンドや金銀など、光輝きのあるアクセサリーをつけて一層の華やかさを演出します。

白は花嫁の色ですから、招待客が白いドレスを身に付けるのはタブー。黒も喪服に見えないように、サテンやベルベットなど光沢のある素材から選びましょう。黒のサテンドレスに、華やかなアクセサリー類をプラスすれば、祝福ムードを出すこともできますね。

# 披露宴開始前のマナー

**POINT 1**
ご両家の母親は早めに会場入り

**POINT 2**
控え室でお相手のご両親に挨拶

**POINT 3**
親族紹介は関係の近い人物から

今までは招かれる側として、最低限のマナーを押さえておけばよかった私たち。気持ち的にも楽だったと思います。しかし、親族として招く側となれば、ご招待する皆様に失礼がないように配慮が求められます。

その一方で、新郎新婦の親族としての感情も交ざり、平常心でいられないこともあるかもしれません。そのような事態になっても、皆さんに失礼のない立ち居振る舞いができるように、準備と心構えをしておきましょう。

## 結婚式当日のおおまかな流れ

当日のおおまかな流れは以下の通りですが、これはあくまでも一例です。結婚式は新郎新婦のこだわりによって、さまざまな形式、流れがあります。実際にどのような流れになっているのかは、会場スタッフに確認をして、当日は落ち着いて行動しましょう。なお、ご両家のお母様（母親）が当日のヘアメイクや着付けを、会場側に依頼するケースが多くなっています。そうしたケースでは会場担当者の指示に従い、時間に余裕を持って、到着するようにしましょう。

また、ソーシャルディスタンスにも配慮しましょう。

**①会場入り** ――――

- お相手のご親族が到着したら、挨拶。
- 両親は会場スタッフへと挨拶をし、心づけを渡す。
- 仲人・媒酌人が到着したら挨拶。
- 控え室で主賓や招待客をもてなす。
- 祝電《しゅくでん》を整理し、会場スタッフへと渡す。
- 両家の親族紹介を行う。

**②挙式のリハーサル**

**③記念写真撮影**

**④挙式**

**⑤挙式終了後** ――――

- 引き続き、披露宴に参列する招待客を控え室でもてなす。
- 招待客を会場の入り口でお迎えする。
- 記念撮影（別のタイミングで行う会場もあるので、事前に確認しておく）。

**⑥披露宴** ――――

- 披露宴の最中、招待客への挨拶回り。
- 両家代表のスピーチ。

**⑦披露宴終了後** ――――

- 新郎新婦と両家の両親が揃って、招待客をお見送り。
- 仲人・媒酌人と主賓に御礼の挨拶。
- 会場スタッフに御礼の挨拶。
- 受付や会計係など、手伝ってくれた新郎新婦の友人たちに御礼の挨拶。
- 御祝儀や芳名帳を受け取る。
- 料金の精算などを行い、会場を後にする。

# 親族控え室でお相手のご親族との対面

## 挨拶はお相手のご親族が最初。次に仲人など

式場について真っ先にすることは、「お相手のご親族への挨拶」です。これから長い付き合いになるのですから、丁寧に挨拶をします。

その次に仲人・媒酌人、主賓の順に挨拶をするのが理想です。とはいえ、到着順にご挨拶をするのが自然の流れですから、その場でお目にかかった方から、順次ご挨拶をしていけば問題はありません。

控え室のように関係者が一堂に会している場所では、両家の親族同士、仲人・媒酌人、主賓の方の順で、あらためてご挨拶をしてもよいですね。なお、仲人や媒酌人への御礼を渡すなら、このタイミングがベストです。

## 親族が集まったら、両家の「親族紹介」

親族控え室で親族が集まったら、両家の「親族紹介」を行います。新郎新婦が同席の上で行うのが一般的なしきたりですが、会場の都合で新郎新婦不在のまま行われるケースもあります。

その場に仲人や媒酌人がいたら、その方に進行役をお願いしてもよいですし、会場の人が行うケースなど、現代はさまざまです。会場の担当者に従うことがマナーといえます。

仲人や媒酌人が不在であれば、新郎の父親が進行役を務める場合もあります。進行役を置かず、親戚が自発的に代わる代わる、自己紹介をする形式もあります。

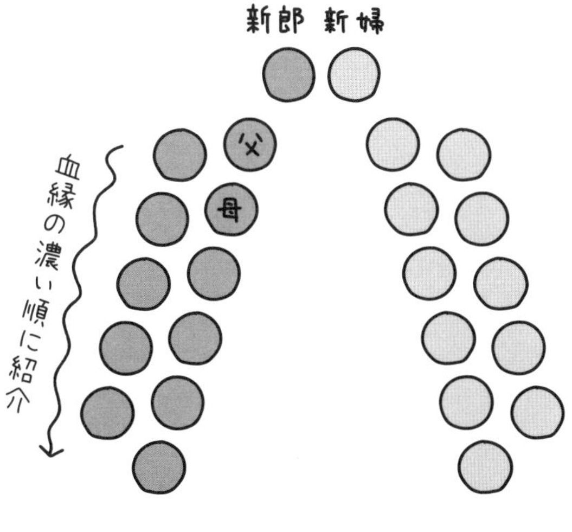


※ソーシャルディスタンスにも配慮しましょう。

## 親族紹介のおおまかな流れ

こちらも、現代は、会場の担当者の指示に従うのがマナーです。ここでは、ご参考までに、一般的な流れをお伝えします。

まず両家が向き合うように並びます。先頭には新郎（新婦）が立ち、以下「父親→母親→兄弟姉妹→祖父母→そのほかの親族」の順番で並びます。基本的に血縁関係が近いほど前になり、同じくらいの関係なら、年齢が高い方が前となります。

関係者がほぼ並び終わったら、進行役が紹介していきます。新郎父が進行役を担当している場合、次のような紹介の仕方になります。

●●家の親族を紹介させていただきます。
まず、わたくし、新郎の父の××でございます。
こちらは母親の▲▲です。こちらは兄の■■です……

このように「新郎（新婦）から見た続柄」とともに、名前を紹介していきます。紹介された人は「××でございます。どうぞよろしくお願い申し上げます」と言って、会釈をしてご挨拶をしてもよいでしょう。ひと言を言わない場合は、会釈のみとします。

新郎側の紹介が終わったら、新婦側の親族紹介へと移ります。全員の紹介が終わったら、進行役が「皆さま、今後とも末永く、よろしくお願いいたします」などと挨拶をして終えます。

# 結婚式でのマナー／披露宴でのマナー

POINT 1
結婚式は形式によって席次が変化

POINT 2
披露宴では「挨拶回り」も役割

POINT 3
「心づけ」は親が用意して親族から渡す

結婚式の形式も和装での神前式、洋装でのキリスト教式や人前式など、多くのスタイルがあります。

以前は結婚式に列席できるのは、双方の親族だけでした。昨今では職場やご友人の方々が参列する場合もあります。いずれにせよ、結婚を誓う神聖な場ですから、厳かさを壊さないことを心がけましょう。感情が昂ぶっても、泣きじゃくるようなことは避け、新郎新婦の親として、つつしみのある洗練された大人の振る舞いをしましょう。

## 神前式かキリスト教式かで席次も変わる

結婚式での席次は、形式によって異なります。ここでは広く行われている「神前式」と「キリスト教式」の席次についてご紹介します。

多くの場合は会場で担当者が席を指示誘導してくださいます。迷った場合は遠慮なく、会場の担当者にうかがい、自分の席を決めましょう。

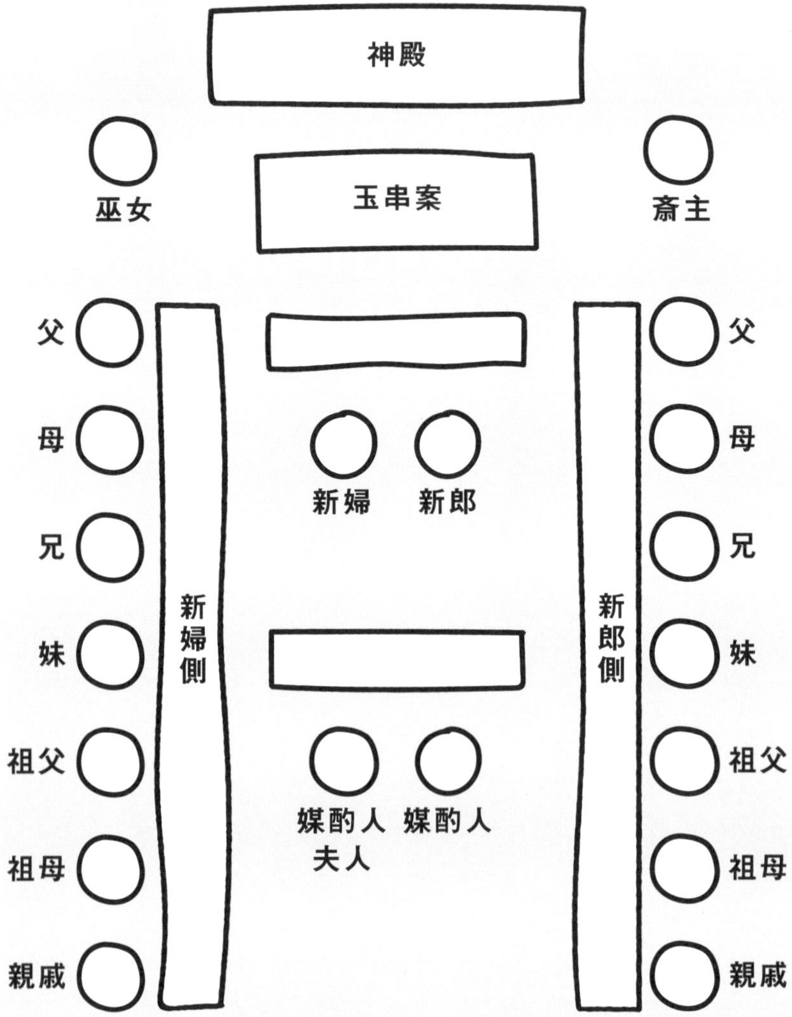


※ソーシャルディスタンスなどに配慮した席次をご案内できるよう、会場の方と事前に相談、確認をしましょう。

## 神前式の席次

中央前方の神殿に向かって、新郎が右、新婦が左。その後ろに媒酌人夫婦。親族も新郎と同じ側（または新婦と同じ側）に縦に並んで座る。並び方は「血縁の近いほうから年齢順」が基本。

## キリスト教式の席次

中央前方の聖壇に向かって、右側に新郎と新郎側立会人（ベストマン）、左側に新婦と新婦側立会人（メイドオブオナー）の順に並ぶ。中央には、カソリックの場合は神父、プロテスタントの場合は牧師が立つ。

親族は真ん中の通路である「バージンロード」を挟み、右側に新郎の父母、兄弟姉妹、親族、友人の順。左側には新婦の参列者が同じ順番で座る。

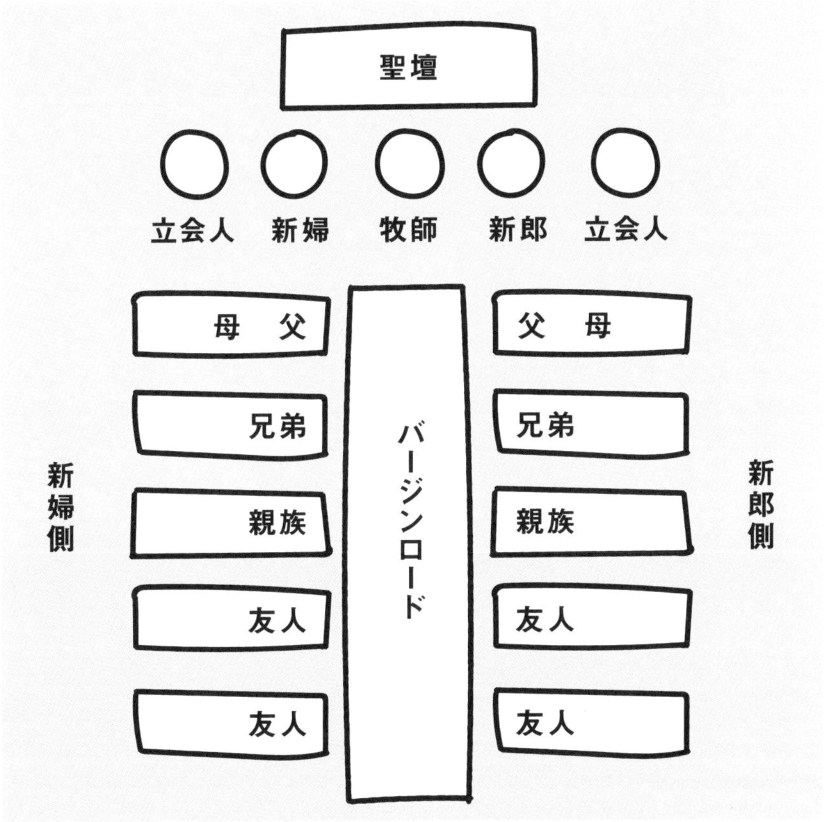


※ソーシャルディスタンスなどに配慮した席次をご案内できるよう、会場の方と事前に相談、確認をしましょう。

## 「挨拶」で感謝を伝えるのも親族の役目

結婚式が終わればいよいよ披露宴。新郎新婦のために足を運んでくれた方々に、丁寧に感謝の気持ちを伝えることも、親族の大切な役目です。

披露宴開始時、披露宴中、そして披露宴終了時。新郎新婦を見守ってくれた方々への感謝を、丁寧な挨拶を通じて伝えましょう。

### 披露宴開始時の挨拶

招待客が披露宴会場にいらっしゃる前に、会場の入り口に並びます。そして、すべての参列者に御礼を伝えます。わが子の友人や仕事関係者など、たとえこの日が初対面の相手でも、日頃お世話になっていることへの感謝を伝えましょう。

### 披露宴中の挨拶

乾杯のあと、招待客への挨拶回りを行います。ただし、スピーチや余興、VTR上映中、新郎新婦のお色直しやケーキ入刀、キャンドルサービスなどの演出の妨げにならないよう、事前にプログラムの流れを把握しておくと良いですね。

挨拶回りの順番は、まずは、こちら側がご招待をした主賓の方、職場の上司、ご友人など、時間的に余裕があれば、先方の主賓や親族へもご挨拶をしましょう。

### 披露宴終了時の挨拶

披露宴が終了するときも、招待客のお見送りを丁寧に行います。参列していただいたことへの御礼、さらには祝福くださったことへの御礼を、おひとり、おひとりに心を込めてお伝えします。

## 「両家代表謝辞」を引き受けた場合

披露宴のプログラムに「両家代表謝辞」が組み込まれていることもあります。あなたが謝辞を述べることになった場合、まずは「ご多用の中、出席くださったことへの感謝」を招待客全員に伝えます。それから、新郎新婦の今後を見守っていただけるように、お願いする言葉を述べましょう。招待客のアルコールが進んでいることも多いですから、感情的になって長くなりすぎないよう、短く終えるのがポイントです。

## 「感謝の手紙」ではハンカチを用意

披露宴のメインイベントとして、新郎新婦から「両親への感謝の手紙」を読み上げられることがあります。新郎新婦だけでなく、親族にも注目が集まるメインイベント的なシーンのひとつです。あなた自身が皆さんから見られていることをしっかりと意識して、表情や態度、姿勢、また事前に身だしなみのチェックをして臨みましょう。

感動とわが子を送り出す寂しさとが混じり合い、涙が頬を伝うこともあるでしょう。あらかじめ白いハンカチを用意して、涙が出たらさりげなくぬぐうと美しいですね。女性はレース付きでお化粧崩れのしない素材のハンカチがおすすめです。

## 控え室に戻ったら、仲人や媒酌人に挨拶

仲人や媒酌人の方に対しては、招待客をお見送りしてから、控え室などで挨拶を行います。新郎新婦と両家のご両親が揃ってから、御礼をするのがベストです。

挨拶後は玄関までお見送りをし、「御車代」を渡します（次ページ参照）。

## 関係者への「心づけ」の相場を押さえておく

### 合計すればかなりの高額。事前に両家で話し合う

慶事における「心づけ」とは、結婚式に協力していただいた感謝の気持ちを、新郎新婦から関係者に伝えるためのものです。

とはいえ、新郎新婦はいろいろと慌ただしく、心づけを渡す時間がありません。そこで親が用意して、親や親族から関係者に渡すことが一般的です。

対象者も多い上に高額になりますから、どちらが誰に渡すのか、金銭の負担はどうするかなど、のちのトラブルにならないよう、お相手のご家族とよく話し合っておくことが大切です。

## 心づけを渡す相手と目安となる金額

- 仲人・媒酌人 … 10万～30万円（別途「御車代」として1万～10万円）
- 主賓 … 「御車代」として1万～3万円
- 神主や神父などの宗教者 … 1万～3万円
- 司会者 … 1万～3万円
- カメラマン … 1万～3万円
- 受付・会計・進行係 … 5千～1万円
- 婚礼担当者 … 5千～1万円
- 美容師・着付け係・運転手 … 3千～5千円

※「神主や神父などの宗教者」への心づけは、式場を通じて手配した場合、不要となるケースが多い。
「司会者」への心づけも、会場のスタッフが行った場合、不要となるケースがほとんど。

## 1万円以上の心づけは、水引10本の「祝儀袋」に

心づけは新札を祝儀袋に入れるのがマナー。水引は結び切りで10本が正式です。表書きは「寿」「御祝儀」「御礼」などとなります。御車代も表書きを「御車代」として、新札を祝儀袋に入れて渡します。

ただし、1万円未満の心づけの場合、祝儀袋ではいささか仰々しすぎます。むしろ小ぶりのポチ袋に入れたほうが、「少額ですが感謝の気持ちです」といった謙遜の気持ちが伝わりますから、そちらを選ぶといいでしょう。

## 渡すところを他人に見せないのも礼儀

心づけは人目に付かないところでお渡しするのも礼儀です。式場に到着してすぐ、最初の挨拶のときに渡せたらベストです。タイミングが合わなかったら、お見送り時の御礼の挨拶前に、他の人に気づかれないよう、スマートにお渡しできるといいですね。

本日はお世話になります
どうぞよろしく
お願い申し上げます

本日はご遠方より
御越しくださり
誠にありがとうございます
心より感謝申し上げます

おかげさまでよい日を
迎えることができました
本日はどうぞ
よろしくお願いいたします

いろいろとお世話になり
本当に助かりました
ありがとうございました

このような感謝の気持ちをひと言一筆箋などに添えてお渡しすると、いっそう気持ちが伝わります。注意点は、句読点をつけないこと。句読点は『区切る』という意味から慶事の忌み言葉を連想させてしまうからです。使用する筆記用具は、鉛筆やボールペンはNG。筆か筆ペンで感謝の気持ちを綴りましょう。

### 「後日の正式な御礼」は控える傾向に

かつては結婚式終了後、別日に改めて仲人や媒酌人の自宅にうかがい、正式な御礼を申し上げるのがしきたりでした。

しかし、お住まいが遠方なら訪問も一苦労ですし、先方のご都合が合わない可能性もあります。そこで最近は結婚式当日、お帰りの際に御礼を伝えたら、後日の訪問は避けるケースが増えています。

年配の仲人や媒酌人の場合、「後日御礼に訪れるのが当然」と考えていることもあります。そこで別れ際には、「本来ならば、改めておうかがいするべきなのですが、ご多用とうかがっておりますので……」などと、後日の挨拶にはうかがわないことを伝えておくといいでしょう。

# 第4章

# 主賓や仲人になったときの「慶事のマナー」

今までは、結婚披露宴に招待されるときは、
友人や同僚、上司、先輩などの立場での出席が多かったと思います。
「大勢の招待客の１人」でしたら、
その注目度はさほど意識しなくてもよかったでしょう。
ところが、主賓や仲人という特別な立場となれば、
話は変わってきます。
特に50代からは、特別な立場で出席する機会も増えてきます。

# 「主賓」「仲人」「媒酌人」の違いを押さえる

**POINT 1**
「主賓」は招待される側のトップ

**POINT 2**
「仲人」には結納から役割あり

**POINT 3**
「媒酌人」は結婚式当日限定

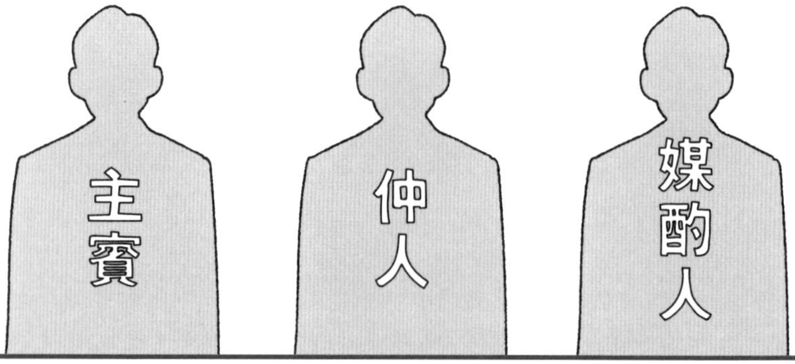


50代になれば、仲人や主賓として結婚式に出席することもあるでしょう。あなたが新郎新婦にとって会社の上司や、学生時代の恩師などといった立場だと、その可能性は大いにあります。

一方、これまでほとんど付き合いがなかった相手から、「社会的地位のある人に出席してもらいたいので……」とお願いされる場合もあるかもしれません。いずれのケースでも、相手の気持ちに応えるために、可能であればお引き受けしましょう。

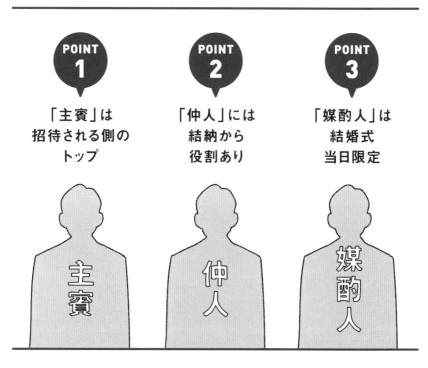

# 「主賓」「仲人」「媒酌人」の役割と違い

## 主賓は招待客のトップ。歓迎される立場

主賓は披露宴において、「招待される側」の筆頭です。新郎と新婦にとって、もっとも重要な招待客というわけです。このため新郎と新婦がそれぞれ、特にお世話になった人にお願いします。主賓として結婚式に呼ばれるのは、とても名誉なことなのです。主賓が複数人招かれる結婚式もあります。

## 仲人と媒酌人は主催者側。歓迎する立場

一方、仲人と媒酌人は「招待する側」で、新郎新婦のサポートをします。仲人と媒酌人の違いは曖昧になってきていますが、「結婚にまつわるすべてに関わるのが仲人」「結婚式当日だけに関わるのが媒酌人」と考えてもらえばいいでしょう。仲人は結婚式当日に限り、「仲人・媒酌人」と呼ばれます。

## 主賓は個人で、仲人と媒酌人は夫婦で受ける

主賓はあなた個人が招かれますが、仲人と媒酌人は一般的に「ご夫婦」で務めることになります。かつては仲人と媒酌人は、「両家をよく知るご夫婦」が務めるものでした。恋愛結婚が主流となってからは、「新郎か新婦のどちらか一方と縁があるご夫婦」に依頼されるケースが多くなりました。

仲人と媒酌人を夫婦で務めるのは、「結婚する2人に夫婦の姿を見せる」という意味合いもあります。仲人か媒酌人の依頼を受けたということは、新郎と新婦にとってあなたたちは、「夫婦のお手本」なのかもしれません。

## 主賓、仲人、媒酌人の違いと役割

**主賓**……もっとも重要な招待客。基本的に披露宴のみの参加。新郎側と新婦側が1人ずつに依頼する式が多いが、複数人に依頼しても問題はない。

**仲人**……本来はお見合いに始まり、結納式、結婚式、披露宴など、結婚にまつわるすべてに深く関わる。近年は結婚が決まってから依頼を受ける「頼まれ仲人」も多い。

**媒酌人**…結婚式当日の立会人。基本的に結婚式と披露宴のみの参加。すでに仲人がいる場合、仲人が媒酌人を兼ね、結婚式当日は「仲人·媒酌人」と呼ばれる。

# 御祝儀のマナー

**POINT 1**
**金額は「相手との関係性」次第**

**POINT 2**
**最近は「偶数の金額」でも可**

**POINT 3**
**再婚でも祝う気持ちに変化なし**

主賓として結婚式に出席する場合、事前に3つの準備が欠かせません。それは「御祝儀」と「当日の装い」と「祝辞の原稿」です。

本項目では「御祝儀」についてお話しします。「当日の装い」と「祝辞の原稿」についても、本章で紹介します。

50代ともなると友人・知人が、「再婚」することもあるでしょう。そのような場合の祝い方で注意することも、合わせてお話ししていきます。

# 年齢に見合った金額の「御祝儀」を準備

## 披露宴に出席するときの御祝儀の目安

50代が結婚式に招かれる相手は、甥や姪、その他の親戚、勤務先の部下、お取引先の社長のお子様や担当者などが多いでしょう。友人・知人としての出席ばかりだった頃とは、対象も変わります。

御祝儀の金額は、その関係性に応じて異なってきます。目安は次の通りですが、実際には周囲の人たちと足並みを揃えるなどの、コミュニケーションも必要となります。



## 主賓として参加する場合の御祝儀の目安

- **甥・姪 … 5万〜10万円**
- **親戚 … 3万〜5万円**
- **勤務先の部下 … 3万円**
- **お取引先の社長のお子様や担当者 … 3万〜5万円**
- **友人・知人 … 2万〜3万円**

※ 金額はあくまでも目安。立場と関係性に応じて変わることもある。

## 「偶数の金額はNG」と言われなくなったが……

御祝儀の金額を偶数にすることは、「割れる」を連想させる意味から、昔は明らかに避けられていました。近年では事情が変わり、「2万円＝ペア」「8万円＝末広がり」といったイメージから、かなり許容されるようになっています。

ただし、「4万円＝死」のイメージは今も変わりませんから、絶対に避けること。奇数ではありますが、「9万円＝苦」もNGとされています。

## 相手が「再婚」だった場合の御祝儀

### 御祝儀もお祝いの気持ちも、初婚のときと変わらない

50代ともなると周囲で結婚があっても、初婚とは限らないでしょう。特に同年代の友人・知人の結婚なら、「再婚」というケースのほうが多いくらいかもしれません。

相手が再婚だからといって、お祝いの気持ちに変わりはありません。祝う気持ちや御祝儀に、特に違いを設けなくていいわけです。先ほどの「御祝儀の目安」を参考にして、相手との関係に見合った御祝儀を渡しましょう。

### 相手が遠慮した場合は、渡すことを控える

再婚ということで相手のほうが、「御祝儀とかはいらないよ」と、辞退されるケースもあるでしょう。このような場面で御祝儀をお渡しすると、かえって負担をかけてしまいます。強引に渡したりせず、先方の意思に従いましょう。

御祝儀以外でお祝いの気持ちを伝えたいときは、「祝電」や「手書きのご結婚お祝いカード」を送るとよいでしょう。品物は受け取ってもらえそうなら、「気持ちばかりです」と言って、贈り物をしてもよいですね。金額を5千円以内にとどめると、相手に心理的な負担をかけさせないでしょう。共通の友人がいればお金を出し合って、それをまとめれば、ある程度の金額のお品を選ぶこともできます。

### 再婚して披露宴を挙げない相手には……

友人・知人が再婚をしたものの、披露宴を行わない場合もあります。このような場合は、御祝儀を渡すタイミングに迷ってしまいます。

そのようなときは、相手と直接会った際、お渡しすればいいでしょう。事前に会う日がわかっていれば、御祝袋を持参できます。裸の現金を渡すことはNGです。郵送で渡す場合も御祝儀袋に入れて、郵便局から現金書留で送ります。

# 主賓や仲人の身だしなみ ～男性編～

**POINT 1**
**本来は「正礼装」で出席する**

**POINT 2**
**最近は「準礼装」を選ぶことも**

**POINT 3**
**準礼装は洋装（スーツ）が基本**

※周囲に迷惑をかけないため、また、ご自身の命、健康を守るため、状況や必要に応じて、マスクを着用してもかまいません。フェイスシールドの着用や手の除菌消毒などを求められたりした場合は、それに従うのもマナーです。

友人や同僚の一人として結婚式に出席するときは、シンプルに「礼服」を選んでおけば、恥をかくことはなかったでしょう。

しかし、礼服には明確な格式があり、それを知らないと「間違った礼服」を身に付けてしまう危険もあるのです。

特に仲人や主賓を務める場合、どうしてもほかの出席者の注目を集めます。「正礼装」「準礼装」「略式礼装」といった違いを理解して、その結婚式にふさわしい服装を選べることも、50代には求められます。

# 主賓や仲人の服装はケースバイケース

## 「招待する側は正礼装」が基本ルールだが……

第3章でもお話ししたように、もっとも格式の高い礼服が「正礼装」です。それに対して、フォーマルではあるが正礼装ほど堅苦しくない身だしなみが「準礼装」です。通常礼装とも呼ばれます。

正礼装は本来「招待する側」が着用するものでしたから、今でも新郎新婦と親族は、正礼装を身に付けることが基本です。対して「招待される側」の招待客は、準礼装で出席していました。

近年はこうしたルールが曖昧になりました。自由度が高くなったともいえますが、服選びに迷いやすくなった面もあります。特に判断が難しいのが、主賓や仲人や媒酌人のように、特別な立場で出席する場合です。

## 判断に迷ったときは、会場に相談してみる

かつては主賓も仲人も媒酌人も、正礼装で統一していましたが、近年は準礼装も許容されるようになっています。どちらがふさわしいか迷ったときは、会場担当者などに相談をしてみましょう。「大きなホテルの披露宴なら正礼装」「格式張っていない披露宴なら準礼装」といった具合に会場の雰囲気に合わせることも、判断材料のひとつとなるからです。

ただし、新郎新婦が準礼装であれば、必ず準礼装を選びましょう。主役の2人より目立たないためですね。仲人と媒酌人は夫婦で務めるため、正礼装なら正礼装、準礼装なら準礼装で、夫婦のドレスコードを統一する必要もあります。

## 結婚式当日の服装の目安

- **新郎新婦 … 正礼装**
- **ご両家の親 … 正礼装**
- **新郎新婦の兄弟 … 基本は正礼装だが、近年は準礼装を着用する人が多い**
- **親戚 … 基本は正礼装だが、近年は準礼装を着用する人が多い（特に若い人）**
- **主賓 … 基本は正礼装。会場の雰囲気などによっては準礼装**
- **仲人、媒酌人 … 基本は正礼装。会場の雰囲気などによっては準礼装**

## 洋装の準礼装　～男性編～

正礼装については第3章で紹介していますので、本章では準礼装を中心にお話ししていきます。

近年では男性の準礼装は、基本的に「洋装」となっています。女性の和装の準礼装は「三つ紋付き色留袖」となりますが、男性にはそれに相当する和装選びが、少々難しい状況にあるからです。

洋装は時間帯によって、同じ格でもスタイルが異なります。昼間は「ディレクターズスーツ」と呼ばれる冠婚葬祭用のスーツがよく選ばれますが、シンプルなブラックスーツやダークスーツでもいいでしょう。夕方以降はタキシードが一般的です（タキシードについては、70ページ参照）。

- シャツは高級感のある白無地。
- ジャケットは黒。
- スラックスは黒とグレーのストライプ。
- ベストはシルバーグレー。
- ネクタイは濃いめのシルバータイ。
- ワニ革やヘビ革のベルトや靴はNG。
- 状況に応じて、マスクなどの着用をします。洋礼装に合うマスクもあります。

### 招待状に「平服《へいふく》で」と書いてあったら……

結婚式によっては招待状に、「平服で」と書かれていることもあります。このような式に正礼装や準礼装で出席すると、かえって不自然に目立ってしまい、恥ずかしい思いをしますので要注意。

平服が指定されていても、結婚式はやはりフォーマルな場。普段着は避けて、正装の中でも格が低い「略式礼装」を選ぶといいでしょう。

男性の略式礼装は、ブラックスーツかダークスーツ。ネクタイとポケットチーフをお揃いにしたり、ピンバッジなどで華やかに演出しましょう。格下でも礼装である以上、マナーをわきまえた装いは外せません。

# 主賓や仲人の身だしなみ
# ～女性編～

**POINT 1**
**女性の準礼装は和装も選べる**

**POINT 2**
**和装は「三つ紋付きの色留袖」**

**POINT 3**
**洋装は時間帯によってスタイルが変わる**

※周囲に迷惑をかけないため、また、ご自身の命、健康を守るため、状況や必要に応じて、マスクを着用してもかまいません。フェイスシールドの着用や手の除菌消毒などを求められたりした場合は、それに従うのもマナーです。

結婚式でもっとも大切なのは、心から新郎新婦の結婚を歓び、祝福する気持ち。厳粛な雰囲気に合わせるだけでなく、「お祝いする相手を立てる服装選び」が求められます。

本来、主賓や仲人は正礼装で出席しますが、近年は準礼装のほうが向いている式もあります。TPPPO®（Time＝時、Place＝場所、Person＝人、Position＝立場、Occasion＝場合）に合わせて、臨機応変に格を変化させましょう。それができれば、ワンランク上の人といえます。

## 和装の準礼装　～女性編～

和装における女性の準礼装は「色留袖」を指します。五つ紋付きは正礼装と同格になってしまうため、準礼装では三つ紋付き、または一つ紋付きを身に付けます。

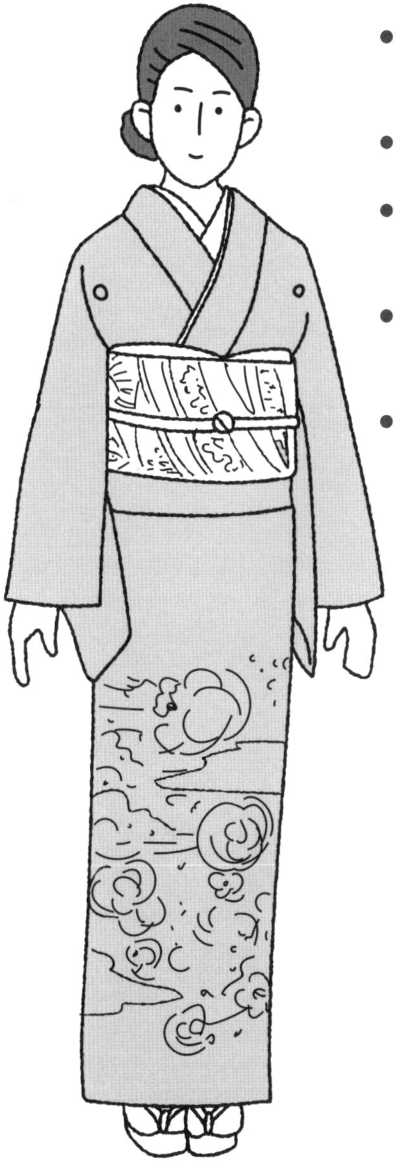

- 帯揚げ・半襟・足袋はすべて白で揃える。
- 長襦袢も白を選ぶ。
- 重厚感のある金地や銀地の袋帯を合わせる。
- 草履やハンドバッグも金地や銀地の華やかなものを。
- 状況に応じて、マスクなどの着用をします。和礼装に合うマスクもあります。

## 洋装の準礼装　～女性編～

昼間はセミアフタヌーンドレスやタウンフォーマルを、夕方以降はセミイブニングドレスやカクテルドレスを着用します。

セミアフタヌーンドレスは、シルクなどのワンピースやツーピースに、パールや布製のコサージュをつけるのが一般的です。きらびやかなアクセサリーを身に付けるのは、日が沈み、夜の装いとしての、セミイブニングドレスに着替えてからとなります。

### セミアフタヌーンドレス

- アフタヌーンドレスと同様に、光沢のない素材を用いる。
- 肌の露出を少なくするのが基本。袖ありか、ボレロを羽織る。
- スカート丈はくるぶしまでのロングにはしない。膝がかくれるノーマルから、ふくらはぎあたりまでのミモレ丈
- パンツスーツはセミアフタヌーンドレスとして扱われる。
- 流行に即したデザインを自由に取り入れることが可能。

### セミイブニングドレス

- 基本はイブニングドレスと同様に、胸元や肩、背を出したスタイル。
- 「袖なし」か「襟なし」のいずれかをチョイス。
- スカート丈は自由。
- カラフルな色やラメなどが入った輝きのある素材でアレンジを効かせる。
- ワニ革やヘビ革のベルトや靴はNG。
- 状況に応じて、マスクなどの着用をします。洋礼装に合うマスクもあります。

## 結婚式と披露宴のファッションにおける注意点

### 気軽な結婚パーティーには「略式礼装」で

和装はどのシーンにおいても、大人の女性としての品や格式と美しさ、さらには威厳まで表現できて一目おかれます。

ただし、最近ではガーデンウエディングや食事会など、形式にこだわらない披露宴も増えてきました。こうした式では「略式礼装」を身に付けましょう。ワンピースやスーツなどにアクセサリーを付け、フォーマルな雰囲気づくりを心がけてください。招待状に「平服で」と書いてある場合もありますが、冠婚葬祭における平服とは、普段着とは異なることに注意。

### ドレスコードに「テーマカラー」がある結婚式も

カジュアルな式では、「テーマカラー」を指定される場合もあります。テーマカラーというのは、「指定された色が服装かアクセサリーなどに入っているものを着用してきてください」という意味です。テーマカラーがブルーであれば、ブルーのスカーフなどを身に付けます（男性ならポケットチーフ）。

テーマカラーを指定することで、出席している全員が同じ色を身に付けているため、皆さんの気持ちが一体化される雰囲気にもなります。祝福の気運もいっそう高まり、素敵です。

### 「リゾートウエディング」は事前に確認を

近年流行しているリゾートウエディング。こちらに招待されたときには、ドレスコードに「軽装で」と書かれている場合があります。このようなケースでは、アロハシャツやかりゆしウエアなどでも許容されることがあります。

ただし、どこまで軽装でよいのかの確認を、事前に会場にしておくことをおすすめします。その際、「靴のドレスコード」も確認をしましょう。靴にも格があります。アロハシャツを着用する場合、ビーチサンダルでもいいのかどうか、などの確認は必須ですね。

## 厳密には結婚式で「腕時計」はタブー

### 身に付けている人が少なくないが……

腕時計は本来、結婚式では身に付けてはいけないものでした。「腕時計を身に付けている＝時間を気にしている」という受け取り方もできるため、主催者側も招待される側も、身に付けないことが推奨されたわけです。これは、一般のパーティーなどでも同様にいわれています。

しかし、現実には皆さん、腕時計を身に付けていることがほとんどです。ファッションとして、身に付ける人もいます。一方で、若者は普段から腕時計をしていない人が増えています。時間は、スマートフォンで確認できるという理由からです。現代において、結婚式やその披露宴で時計を身に付けていることが、マナー違反とまではいえないでしょう。

### マナーを遵守することは、若者のお手本にも

とはいえ、このような伝統を重んじる方は、もちろん今もいらっしゃいます。年配者として出席する以上、腕時計は避けたほうが無難といえます。

特に「招待する側」になったときには、腕時計を付けないほうが正当派だと感じられるでしょう。招待する側である仲人や媒酌人も、腕時計をしないほうがいいわけですね。主賓は「招待される側」の立場ですが、やはり腕時計を付けていないほうが、洗練された品を感じさせます。「腕時計を付けないことが正しいマナー」と、若い人たちに伝える機会もできるでしょう。

## 「お祝いする相手」を立てる服装選びを

50代になったら今まで以上に、「若い方々の門出を見守り祝福する立場」であるという、思いやりの優しい奥深い心を持つことが、私たち自身の幸せにもつながりますね。自分が目立つことよりも、新郎新婦を引き立てる華やかさを演出できる装いを目指しましょう。とはいえ、地味にするということではありません。TPPPO®（Time＝時、Place＝場所、Person＝人、Position＝立場、Occasion＝場合）に合った品のある装いとお色を選び、会場全体のバランスを考えることができるのが、洗練された大人の装いです。

# 披露宴開始前のマナー／披露宴でのマナー

**POINT 1**
式当日までの準備を怠らない

**POINT 2**
会場入りは一般招待客より早めに

**POINT 3**
同席者には自分から話しかける

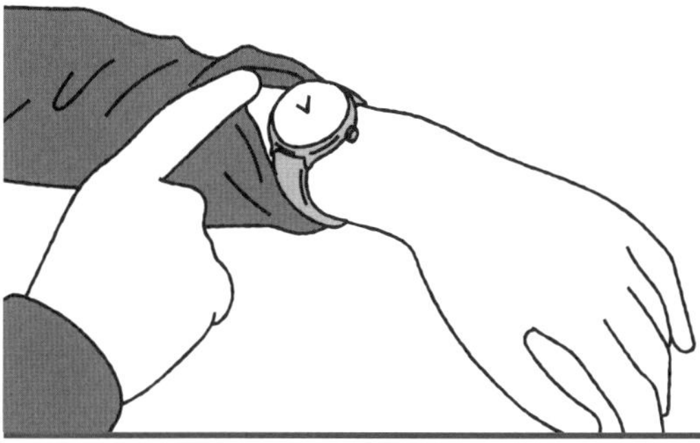

主賓として新郎新婦やその親族の方々に失礼のないよう、当日までにしっかりと準備をしましょう。そうすることで、披露宴本番に、余裕を持って臨めます。

披露宴当日は、自分のスピーチのことばかりを気にして、肝心な祝福の気持ちを忘れてはいけません。「上手な祝辞を」「ウケるスピーチを」などの気持ちは、すべて自分に向いています。品のある素敵な大人は、意識を相手に向けるもの。新郎新婦を心から祝いましょう。

## 披露宴当日は、年長者としての振る舞いを

### スピーチを見越して、45 分前には会場入り

一般の出席者は「披露宴開始時間の 30 分前に式場入り」といわれますが、主賓はもう少し早めのほうが、皆さんもご本人も安心です。多くの場合、主賓は祝辞を読み上げるため、会場のスタッフから説明を受ける時間が必要となります。目安は披露宴開始時間の 45 分前。もちろん、1時間前に到着しても構いません。

祝辞の読み上げの説明をしてくれる会場スタッフは、多くの場合、祝辞の本番でも誘導してくれます。事前の段取りの説明を受けるときに、上から目線的な威張った態度はとらないように。いざ本番となったとき、スタッフがあなたに好感を持っていなかったら、幸せを祝う心地良い空間になりません。年長者としての品格は、どのような相手に対しても謙虚に、敬意を表する姿勢から醸し出されます。

### 初対面の相手にも気さくに話しかける

新郎新婦よりはるかに年上のあなたが、結婚披露宴に参加していれば、親族の方なども「どなたかしら?」と気になります。お相手のご親族と勘違いされる可能性もありますね。それだけにあなたから先手で挨拶をし、簡単な自己紹介などをして、コミュニケーションをとると素敵です。また、相手からも話しかけられやすいよう、常に微笑みを絶やさないこと。微笑みは、お祝いのおめでたい場所ですから、当然のことですね。これは控え室でも披露宴会場でも同じです。

また、ソーシャルディスタンスにも配慮しましょう。

### 乾杯はにこやかに、そして威厳を持って

主賓は「乾杯の音頭」を頼まれることもあります。会場スタッフなどの指示に従って前に出て、「僭越ですが……」などと謙虚な姿勢で臨みます。また、明るく笑顔で祝福の言葉を述べましょう。

祝福の言葉が終わったら、一転して厳粛な威厳ある声と姿勢で、乾杯の音頭を取ります。このときのセリフは、次のページで紹介します。

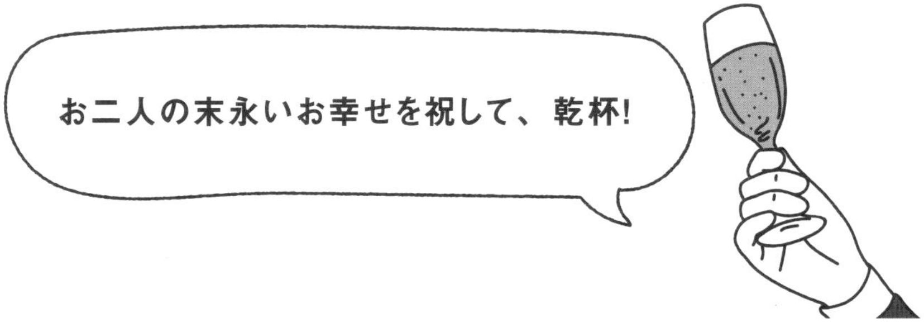


この言葉と同時に、目の高さにグラスを掲げます。それから新郎新婦と目を合わせ、周囲の出席者にもアイコンタクトをしてから、軽く口を付けます。

グラス同士を軽くぶつけて音を出す乾杯のスタイルは、正式ではありません。グラスに傷をつけたり、割れたりする可能性があるからです。特にお祝いの席でこのようなことが起きては問題です。とはいえ、相手からそのようにされそうになったら、拒否することは失礼です。グラス同士がつくかつかないか程度に、軽く触れあわせるようにしましょう。



## 食事のペースはできるだけ周囲に合わせる

食事が運ばれてきたら、「食べるペース」にも注意しましょう。周囲の人に合わせて食事を進めるのが大人のマナー。1人だけ早く食べ終わったり、逆にいつまでも食べ続けたりしないように。特に同じテーブルの方々とは、速度を合わせて食べましょう。

食事中にビールなどを注ぎ合うと、さらに和んだ雰囲気になります。注がれるだけでなく、あなたからも注ぐよう、配慮を忘れずに。

## 飲み物を片手に、ご親族に挨拶にうかがう

新婦のお色直しの時間などを利用して、新郎新婦のご親族に、ビールなどの飲み物を持ってご挨拶に行きましょう。主賓として招いていただいたことへのお礼と、お祝いの言葉を述べます。そして、「よろしければ、どうぞ」などと言い、飲み物を注ぎます。

逆に親族が飲み物を持って、各テーブルを回り、あなたに挨拶にきて、ビールなどをすすめてくれることもあるでしょう。このようなときは「恐縮です」と言ってグラスを持ち上げ、飲み物を注いでもらいましょう。

相手が注ぎ終わったら、「お父様もいかがですか」などと言って注ぎ返します。もちろん、無理強いは避けること。アルハラ（=アルコールハラスメント）と思われては本末転倒です。

## 披露宴会場における「名刺」の扱い

### 披露宴中の名刺交換は、実は失礼な行為?

披露宴で初めて出会った相手から、名刺を差し出される場面もありますね。その名刺を受け取ることに、問題はありません。ただし、あなたから名刺を渡すことは、披露宴会場では控えましょう。

披露宴はあくまでも、新郎新婦のお祝いの席。出席者が人脈を拡げるための場所ではありません。名刺交換をすることは、マナー違反といえるのです。

### 披露宴会場では、名刺を渡さなくてもOK

名刺をいただいた場合、あなたの名刺を渡さないのはマナー違反と思いがちですが、披露宴会場の場合はそうではありません。披露宴会場はビジネスシーンではないからです。

「申し訳ありません。本日は名刺を持ち合わせていなくて」と伝え、先方の名刺を有難く頂戴するのみで問題ありません。

また、今は名刺交換もオンラインで行うことが推奨されている時代です。披露宴中に名刺を渡されたとき、連絡先を教えても良い相手だと思えば、後日相手のメールに自身の名刺を添付送信するとスマートです。余談ですが、イギリスやヨーロッパなどのアッパークラスの人々も、名刺をもらっても自分の名刺は渡しません。「この人とお付き合いをしても良い」と思う相手にだけ後日、Eメール添付で名刺を送るのです。

### お取引先などの場合は、名刺交換もやむなし

ただし、日本ではお取引先関係者などが出席している場合は、その限りとはいえない状況があるかもしれません。タイミングを見計らい、先手でご挨拶に伺ったり、先方が名刺を出してきたら、その場でお渡しすることもやむを得ない場合もあるでしょう。

しかし、この場合も、後日名刺をメール添付で送信したり、目上の方であれば、現物を郵送するのが本来のマナーといえます。

なお、あなたが名刺交換をしたい相手が会場にいる場合は、招待者である新郎新婦やそのご家族などに相談し、紹介してもらうのが品のある高貴な大人の対応です。

# 祝辞のマナー

**POINT 1**
即興では無理。事前に原稿を用意

**POINT 2**
ポイントを押さえて、2〜3分に

**POINT 3**
忌み言葉は恥! 別の言葉で

主賓として披露宴に招かれた際に、もっとも重要な役割が「祝辞」です。新郎新婦にとって披露宴は、一生忘れられない晴れの舞台。あなたのスピーチも2人の心に刻まれます。

人前で話すのに慣れていないと緊張することもあるでしょう。しかし、披露宴の祝辞には、「押さえるべきポイント」があります。それらを満たした上で、新郎新婦へのお祝いの気持ちを持っていれば、何も難しいことはありません。基本さえ押さえていれば、あとは自由な形式でもいいのです。

## 祝辞は「2～3分」で「忌み言葉」を避けて

主賓として披露宴に招かれたら、祝辞を頼まれるのが一般的です。即興で考えるのは無理がありますから、あらかじめ原稿を用意しておきましょう。披露宴での祝辞のポイントは、たったの2つ。「2～3分で手短に」と「忌み言葉を避ける」です。その上で次の流れにそっていけば、自然とすばらしいスピーチになります。

### 祝辞に必ず含める要素

**①自己紹介**

**②新郎新婦へのお祝いの言葉**

**③ご親族の皆様へのお祝いの言葉**

**④自身の新郎新婦との関係性／自身と新郎新婦とのエピソード**

**⑤新郎新婦を讃える言葉**

### 話すまでは厳粛に。話し始めたらにこやかに

壇上で祝辞を読み上げるときは、席をたつときにまずは招待客に向かって一礼をします。続けて壇上へと向かい、上がる前に一礼をしてから、壇上へ。そこからマイクへと進む前にも、招待客と壇上の新郎新婦に向かって一礼をし、マイクの前へ進みます。マイクの前で足を止め、新郎新婦には会釈を。会場の出席者には最敬礼をします。それからマイクに近づきます。

**ただいま、ご紹介にあずかりました、**
**新郎●●さんの上司の××でございます**

このように自己紹介から祝辞をスタートさせます。祝福の席にふさわしい、楽しくユーモラスなエピソードで、会場を盛り上げるとよいでしょう。

教訓めいたことや自分の宣伝、暴露話や過去の異性関係の話はご法度。もちろん、忌み言葉も使わないように。

また、状況によりマスクをして話をする場合は、聞き取りやすように大きめな声で。直立不動ではなく、身振り手振りをつけながら話すと聴衆者に伝わりやすくなります。

### 自分のために、他人の話もしっかり聴く

披露宴中にマイクの前で話すのは、あなただけではありません。ほかの出席者がスピーチを行う場面もあるでしょう。

このような場面では、相手に体を向けるのが礼儀。食事中でも体を向けていれば、聴き入っていることが伝わります。話に合わせて、適度にうなずくのもいいですね。話が終わったら、大きな拍手も忘れずに。

そうして「話しやすい空気」「聴きやすい空気」を作ることもマナー。このような思いやりの心を行動で示すことで、ほかの出席者もスピーチがしやすくなります。また、いざあなたの番となったときには、あなたのスピーチを聴き入り、大きな拍手を送ってくれることでしょう。

## 3つのタイプに分けられる「忌み言葉」

基本的なポイントさえ押さえておけば、自由度が高いのが祝辞です。歌い踊りながらのスピーチで、会場を盛り上げても良いのです。

ただし、どのような祝辞であっても、タブーなのは「忌み言葉」。50代になって、忌み言葉を使用してしまうことは、恥である、というくらいの認識で、しっかりと意識をして使用しないようにしましょう。忌み言葉には大きく分けて、次の3つのタイプがあります。

### 「不幸」を連想させる意味

| | | | | |
|---|---|---|---|---|
| 切れる | 切る | 壊れる | 別れる | 割れる |
| つぶれる | 離れる | 途絶える | 破れる | 流れる |
| 終わる | 終える | 裂ける | 倒れる | 滅びる |
| 冷える | 消える | 逃げる | 欠ける | 絶える |
| 重ねる | 飽きる | 帰る | 返す | 失う |
| 散る | 死ぬ | 戻る | 苦しい | 薄い |

## 「再婚や離婚」を連想させる意味

再び　再会　再度　何度も　さらに　終了

## 「くり返し」を連想させる言葉

くれぐれ　しばしば　またまた　みなみなさま　重々しい
返す返す　重ね重ね　繰り返し　再三再四　次々
わざわざ　たびたび　相次いで

※「くり返し」を連想させる言葉は、「結婚は一生に一度のこと。くり返してはいけない」という考えから忌み言葉となります。

### 忌み言葉を別の言葉に言い換える

忌み言葉を使用してはいけないとわかっていても、その意味を伝えるシーンもありますね。その場合は、別の言葉に置き換えることで、伝えたいことを伝えることができます。結婚に関わる代表的な言葉は、次のように言い換えるといいでしょう。

#### 知っておくと便利な言い換え例

×ケーキを切る ➡ ○ケーキ入刀　×花びらが散る ➡ ○花びらが舞う

×終了 ➡ ○お開き　×終わり ➡ ○結び

×ますますの ➡ ○末永い　×再会 ➡ ○久しぶりに会う

×お料理が冷めないうちに ➡ ○お料理が温かいうちに

×スタートを切る ➡ ○スタートラインに立つ

# 仲人のマナー ～結納式編～

**POINT 1**
**仲人は式前から夫婦をサポート**

**POINT 2**
**結納は3つのタイプに分かれる**

**POINT 3**
**仲人は結納品の渡し役でもある**

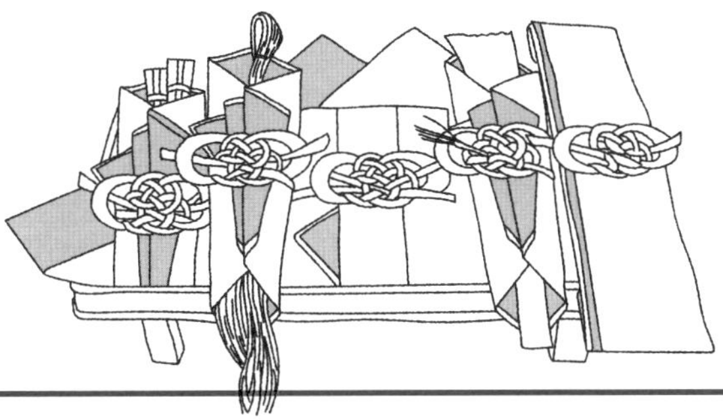

50代ともなれば「仲人」を依頼されることもあるでしょう。仲人は新郎新婦の後見人役であり、若い2人の精神的な支えにもなる大切な存在。結納、結婚式、披露宴、さらには結婚後の生活まで、さまざまな形で新郎新婦と関わっていきます。

多くの場合、会社の上司や先輩、学生時代の恩師、親戚、両親の知人など、「新郎新婦をよく知る年長者夫婦」が頼まれます。仲人をお願いされたということは、新郎新婦にとってあなたとあなたの配偶者は、理想の夫婦なのです。

## 「結納」において仲人夫妻の存在は重要

### 結納への関わり方が、媒酌人と大きな違い

仲人とよく似た立場に「媒酌人」がありますが、結婚式当日だけの役目である媒酌人に対して、仲人は結婚前から新郎新婦やその親族と関わります。

結婚へのしきたりの1つに、互いに結婚を約束したあとに交わす「結納」があります。ここでも媒酌人はまったく関わらない一方、仲人夫妻はきわめて重要な役割を果たします。かつては結婚を申し込む際、相手方の自宅に酒と肴を持参するしきたりがありました。それが結納のルーツだといわれています。

### 結納を望むご親族は、しきたりを重視する傾向が

最近では結納を行わず、結婚式だけをすることは珍しくありません。仲人を立てない結婚式も多くなっています。

そうした時代でありながら、あえて仲人を依頼してくる新郎新婦は、しきたりや格式を重んじるお家柄といえましょう。その背景にも失礼のないよう、誠心誠意、マナーやしきたりに従いながら、執り行いましょう。

### 「正式結納」と「略式結納（集合型結納）」

一口に結納といっても、大きく「正式結納」「略式結納（集合型結納）」「簡略式結納」の3つに分けられます。

あなたが仲人として関わるとすれば、正式結納か略式結納のどちらかです。「関東では両家で交換」「関西では男性が女性側に贈る」といった地域差もありますが、次ページ以降でご紹介するのは関東式の流れです。

### 結納の種類

- **正式結納** ――― 仲人夫妻が両家の間を往復して、結納品や目録や受書を交換する。
- **略式結納**（集合型結納）― ホテルや結婚式場などに両家が集まり、仲人夫妻が進行役となり、結納品や目録や受書を交換する。
- **簡略式結納** ――― 仲人を立てず、結納品や目録や受書を交換する。

## 「正式結納」の流れと仲人の役割

### ① 男性宅の結納品と目録を、仲人が預かり、女性宅へと納める

仲人が男性宅を訪問し、結納品と目録（結納品の一覧表。納品書のような役割）を預かる。
その結納品と目録を持って、女性宅を訪問し、納める。

### ② 女性宅の結納品と目録と受書を、仲人が預かり、男性宅へと納める

納めた結納品が飾られたら、女性側が用意していた結納品と目録と受書（結納品を受け取ったことを証明する書類。受領書のようなもの）を、仲人が預かる。
その結納品と目録と受書を持って、男性宅を再訪問し、納める。

### ③ 男性宅の受書を、仲人が預かり、女性宅へと納める

納めた結納品が飾られたら、男性側が用意した受書を、仲人が預かる。
その受書を持って、女性宅を再訪問し、納める。

### ④ 仲人が締めくくりの挨拶

女性宅に受書を納めたら、締めくくりの挨拶を行う。
その後、「祝い膳」が出され、食事でもてなされる。

## 「略式結納」の流れと仲人の役割

### ① 仲人の始まりの挨拶

仲人が「本日は田中様と山田様とのご縁談が相整い、まことにおめでとうございます。このたびはわたしがご結納を取り次ぎさせていただきます」などと厳かに挨拶をする。それを受けて、男性側の父親が両家を代表し、仲人へ挨拶をする。

### ② 男性側の結納品と目録を、仲人が預かり、女性側へ納める

男性側の母親から、男性側の結納品と目録を預かる。仲人夫人が女性本人の前に運び、仲人が「こちらは田中様よりのご結納のお品でございます。幾久しくお納めください」などと口上を述べる。それを受けて、女性本人➡その父親➡母親の順に目録に目を通し、お礼を述べ、女性側の母親が結納品を飾る。

### ③ 女性側の結納品と受書を、仲人が預かり、男性側へ納める

女性側の母親から、女性側の結納品と目録と受書を預かる。仲人夫人が男性本人の前に運び、仲人が「こちらは山田様からの受書とご結納のお品でございます。幾久しくお納めください」と口上を述べる。それを受けて、男性本人➡その父親➡母親の順に目録に目を通し、お礼を述べ、男性側の母親が結納品を飾る。

### ④ 男性側の受書を、仲人が預かり、女性側へ納める

男性側の母親から、受書を預かる。仲人夫人が女性本人の前に運び、仲人が「こちらは田中様からの受書でございます。幾久しくお納めください」などと口上を述べる。

### ⑤ 仲人がお祝いの口上

結納品、目録、受書をすべて納め終わったら、仲人がお祝いの口上を述べる。男性側の父親、男性女性本人それぞれがお礼を述べる。

※ 両家の関係者は結納が終わるまで、仲人に向かって声を発することはあっても、直接言葉を交わすことはしない。すべて仲人が進行する。

# 仲人のマナー
# ～結婚式・披露宴編～

**POINT 1**
衣装選びの基本は主賓と同じ

**POINT 2**
御祝儀は結婚式よりも前に贈る

**POINT 3**
結婚式・披露宴では主催者の1人

披露宴における仲人（仲人・媒酌人）の装いのポイントは、主賓の服選びとよく似ています。このため本章前半の主賓向けの情報の多くは、仲人を務めるときも参考となります。

とはいえ、あくまでも招待される側である主賓に対して、仲人は主催者側。結婚式、披露宴に対する関わり方も、新郎新婦とご親族への距離感も、主賓とは異なる部分があります。仲人の立ち居振る舞いや言動は、両家や式自体のイメージにつながります。責任感を持って臨みましょう。

## 仲人・媒酌人が結婚式までにやるべきこと

### 「仲人にふさわしい服装」を選ぶ

結納における仲人の服装は、「正式結納なら正礼装」「略式結納なら準礼装」が基本です。結納のスタイルに合わせて、服装の格も変わります。ただし、ご両家の方が準礼装であるにもかかわらず、仲人夫妻だけ正礼装というわけにもいきません。

このような配慮は、結婚式当日にも求められます。仲人・媒酌人は「主催者側」として出席しますから、本来なら正礼装を身に付けますが、結婚式のスタイルや両家の考え方によって、準礼装が適しているケースもあります。いずれの場合も、事前に両家のドレスコードを確認することが大切です。

### 結婚式の少し前に「御祝儀」を贈る

仲人・媒酌人からの「御祝儀」は、結婚式当日に持参しないのがマナーとされています。結婚式の1ヶ月前から1週間前くらいまでに、新郎のご自宅に持参するか、郵送で届けましょう。

お贈りする御祝儀は基本的に、現金か品物です。仲人・媒酌人が現金を贈る場合、一般招待客の御祝儀より少し多めで「7万～10万円ほどが目安」といわれます。

品物の場合、新郎新婦の新生活で必要なものをお贈りするとよいでしょう。事前にヒアリングしておくと、お2人の希望に沿ったものを贈ることができ、喜ばれます。

### 仲人・媒酌人は「お礼」を受け取る立場

仲人・媒酌人は新郎新婦に御祝儀を渡しますが、新郎新婦から「お礼」を受け取る立場でもあります。仲人・媒酌人の役割は多岐にわたるため、それを成し遂げたことへのお礼を、新郎新婦から受け取ると考えればいいでしょう。

一般的には御車代とは別に、10万～30万円程度を渡されます。渡されるタイミングはケースバイケースで、結婚式後の控え室で渡されることが多いですが、結納の数日後に渡されることもあります。

# 結婚式当日の仲人の役割

## 仲人・媒酌人夫人は新婦のサポート役

結婚式当日、仲人・媒酌人は親族と一緒に、挙式にも参列します。このため挙式1時間前には式場入りし、新郎新婦や両親、親族などに挨拶をします。また、当日のスケジュールもしっかり確認しておきましょう。

特に仲人・媒酌人夫人は、新婦の着付けに立ち会うことが多く、挙式でも介添人として新婦に寄り添います。披露宴においても、花嫁のお色直しに付き添うことがあります。



## 披露宴の祝辞の原稿を用意しておく

多くの式では仲人・媒酌人も、披露宴で祝辞を求められます。事前に原稿を用意しておきましょう。避けなければならない忌み言葉は、107ページを参考にしてください。

仲人・媒酌人夫妻は多くの場合、新郎新婦と面識があります。このため新郎新婦の人柄や仲人との関係、仲人しか知らない絆の深さなど、披露したいエピソードがあることでしょう。それらをテンポよく紹介すれば、招待客も耳を傾けてくれます。短すぎず、長すぎず。長くても5分程度で終わらせるようにしましょう。

## 「主催者側の1人」との意識を忘れずに

仲人・媒酌人とその夫人は、披露宴において主催者側です。披露宴が始まるときは、新郎新婦やご親族と並んで、招待客をお出迎えする立場です。披露宴後も新郎新婦やご親族とともに、招待客を最後の1人まで丁寧に心を込めてお見送りをします。

新郎新婦と親族にとって仲人・媒酌人は、結婚後もさまざまな形でお世話になる大切な存在。お礼やおもてなしもされますが、それに甘んじることなく、陰で2人を支える立場として、しっかりと役目を果たしましょう。

# 部下が結婚するときのマナー

**POINT 1**
**披露宴では一目おかれる品格のある振る舞いを**

**POINT 2**
**祝辞では「ほめる」が最優先**

**POINT 3**
**欠席の場合、御祝儀は控えめに**

50代は上司の立場となり、部下の結婚披露宴に招かれることもあるでしょう。結婚相手がどのような会社に勤めて、どのような上司のもとで仕事をしているのかということは、ご親族も招待客も本心では気になっています。ですから自然とあなたにも注目が集まります。

主賓ではない一般招待客の立場でも、新郎または新婦の上司である以上、それにふさわしい立ち居振る舞いが求められます。部下の顔をつぶさないためにも、「会社を代表して出席している」という自覚を持って出席しましょう。

# 上司に求められる服装と御祝儀の金額

## 服装はディレクターズスーツなどの準礼装

上司として結婚披露宴に招待された場合、一般的には準礼装を選びます。男性の準礼装は基本的に洋装ですから、フォーマルなディレクターズスーツか、ブラックスーツ、ダークスーツなどとなります。披露宴が夕方以降に行われる場合、服装の規定が変わり、タキシードが準礼装となりますので、その時間帯にも注意しましょう。

ただし、あなたが社長や役員の立場なら、正礼装がふさわしい披露宴もあります。その場合でも、新郎新婦やご親族より格上にはならないよう配慮が必要です。上司としての立場を反映しつつも、節度ある服装を心がけましょう。

## 御祝儀の金額にも、上司らしい気配りを

部下の結婚式における御祝儀は、主賓として招待される場合は3万～5万円、それ以外は3万円が相場とされています。自分と同等以上の役職の方が出席される場合、その方より多く包むことのないように。

ご招待を受けても披露宴に出席することができなかったり、招待されなかった場合、披露宴にかかる食事代などを差し引いた金額を考えお渡しします。披露宴に出席して3万円を渡す予定だった場合は、1万～2万円程度を包むと考えます。直接手渡しをするか、現金書留で送ります。その際に、毛筆書きのお祝いのメッセージを添えると、より気持ちが伝わります。

## 出席できなかった場合の祝電・お花の贈り方

部下の披露宴に招待されなかった場合や、披露宴を欠席する場合は、「祝電」でお祝いの気持ちを伝えましょう。招待された披露宴を欠席する場合は、事前にお祝いの品を贈ったり、当日の祝電に併せて「お花」などを贈るとその気持ちは間違いなく伝わりますね。

## 祝電を贈るとき

自宅宛に送っても構いませんが、配達日時が指定できる「日時指定電報」を利用して、結婚式場に送るほうが一般的です。

結婚式場に送る際の苗字は、結婚後の新姓ではなく、必ず「旧姓」で贈ること。さもないと、新郎宛の電報と新婦宛の電報が混ざってしまいます。また、式場では毎日たくさんの結婚式が挙げられていますから、行き場がわからずに迷子から紛失となる危険が潜んでいます。結婚式場の「部屋番号」や「会場名（ホール名）」がわかっているのなら、それも宛先に含めると、紛失の危険を避けられます。

式場に送る場合はできれば、式の2、3日前までに送ると安心です。式の前日が休みの場合もなきにしもあらずだからです。もちろん、ギリギリ、当日の朝までに届けば問題はありません。

自宅宛の場合は遅くても3日前までに届くようにしておきます。式の当日に祝電の紹介もありますので、早めに手配しておけば、式場の担当者に慌てることなく事前に伝えることもできます。

祝電文は定型のものもありますが、できればオリジナルメッセージを添えたいものです。ただし、披露宴で読み上げられることもありますので、あまりくだけすぎないよう、注意しましょう。

## お花を贈るとき

結婚祝いとしてお花を贈る場合、お祝い用のお花の配送を行っている生花店やその専門店に依頼しましょう。場合によっては、その式場が手配をしてくれる場合もありますので、事前に確認しておくと良いでしょう。

タイミングによって「結婚式の1週間ほど前に自宅に送る」「結婚式当日朝に式場に送る」「結婚式が終わり一段落してから自宅に送る」の3パターンがあります。

お花の種類は、胡《こ》蝶《ちょう》蘭《らん》（ミディ胡蝶蘭）、洋蘭、アレンジメントフラワーなどが一般的です。

自分や相手の好みのお花を選ぶ場合、花言葉などが慶事にふさわしいか、お店の方に確認をしましょう。最初から「結婚式用」として扱われている花なら安心です。

祝い花にはお花の本数や、立て札に書く文字など、いろいろな決まりがあります。お祝い用のお花を扱っている生花店なら、相談すれば適したアレンジを施してくれるでしょう。メッセージ入りのカードを添えると感動もひとしおとなることでしょう。

# 披露宴会場では「上司としての品格」を保つ

## 「部下と会社の名誉を背負っている」との意識を

部下の結婚式においてのあなたは、新郎（新婦）の「社会的つながりや立場」を示すかがみです。あなたの立ち居振る舞いに品格があれば、「立派な会社に勤めているんだな」と思ってもらえます。

逆にあなたの言動によって、「たいした会社に勤めていない」と思われる可能性もあります。これは新郎（新婦）の名誉を傷つけるだけでなく、会社の看板にも泥を塗ることになってしまうのです。

常に品性と風格を意識し、よい意味での緊張感を持って出席しましょう。特別な1日だからといって、お酒を飲みすぎないように。一緒に出ている部下が騒いでいたら、やさしくたしなめるくらいの余裕を持ちましょう。

## スピーチを任されたら、とにかくほめる

披露宴でスピーチを任されたら、新郎（新婦）の仕事ぶりや業績についてのお話をします。

結婚する部下と年齢が離れている場合、結婚生活の先輩として講釈を垂れたがる人がいますが、これはよろしくありません。

会社では指導する立場であっても、披露宴はあくまでもプライベートの場。そこで指導的な話をすれば、空気が悪くなるだけです。

ただただ本人を讃え、新郎新婦の今後の幸せを祈りましょう。アドバイスも「その幸せを仕事にも生かして欲しい」といった前向きな内容であれば、あなたの評価もあがるでしょう。

# 第5章

# 上司としての「社内コミュニケーションのマナー」

社内の人間関係が円滑であれば、
仕事は99%成功したも同然。
自分の意見や考え方はあってよし。
しかし、それを周囲に強要するのはマナー違反。
新しい環境やさまざまな年齢層の人に
合わせることも大人のマナーです。

# 部下と接するときの基本マナー

**POINT 1**
自分から先に話しかける姿勢を

**POINT 2**
できるだけ部下を名前で呼ぶ

**POINT 3**
「自分の若い頃」と比べない

50代ともなれば、職場にさまざまな人がいることは重々承知。仕事があって職場に行ける日々に感謝をして、周囲の人たちと楽しく美しい調和を奏でる毎日でありたいですね。

自分ファーストではなく相手ファーストの精神で、先手で部下への配慮、感謝の気持ちを持って接すれば、良好な関係が築けます。

そうして良好な関係が築けていれば、部下も耳を傾けてくれますし、パワハラやモラハラだと言われる危険も回避できます。

## 上司には「自分から話しかける姿勢」が不可欠

### 明確な用事がなくても、部下に話しかけること

在宅勤務が定着しつつある現在。部下と顔を合わせないことも増えた分、上司が部下の気持ちを慮り、「調子はどう?」「困っていることはない?」「何か悩みなどあったら、遠慮なく言ってね」など、以前にも増して自分からコミュニケーションをとることは上司のマナーのひとつと言えます。これは、対面でもリモート（遠隔）でも同様のことですね。

もちろん、部下のほうからコミュニケーションをとってきてくれるのが理想ですが、彼らの立場にたってみると、それは少しコクな気がします。若い部下にとっては、50歳を越えた人は親の年齢に近いため、話しかけることを「おこがましくて失礼」と感じている部下も少なくないのです。

一方で、上司からむやみやたらと夜間や休日にメールやSNSなどで連絡がくることを迷惑に感じている部下もいます。良かれと思ってコミュニケーションをとっているつもりでも、相手にとっては苦痛に感じることもあります。こちらから部下の様子を伺うためのコミュニケーションをとる時間帯は、基本的に「勤務時間帯にさりげなく」、と心得ておくことが大切です。

こうした配慮をしつつ、普段から部下と良好な関係を築いていれば仕事も円滑に進み、パワハラやリモハラなどと言われる危険も少なくなります。

### 指示を出すときは、「部下の名前」とセットで

あなたは人と会話をするときに、名前を呼びかけながらコミュニケーションをとっていますか?

誰かに「これやっててください」と言われたときと、「西出さん、これやっててください」と言われたときと、どちらが耳に残り心に響くかは明確です。

心理学的には「名前を呼ぶ」という行為は、「社会的な報酬を与える」ということです。名前を呼ばれた側は、「社会的な報酬を受け取る」わけです。

人は誰しも、報酬を与えてもらいたいと思います。そのためには自分が率先して、相手に報酬を与える。こうすることで、それは部下たちのお手本にもなるわけですね。これが50代になった私たちのスマートな大人のマナーといえましょう。名前を呼ぶだけでも、部下は心の扉を開いてくれます。

## 「50歳から生まれ変わった自分」を演出

私たちがこの世に生まれてきた理由は、自身の魂を磨き、自身を成長させることです。根本から自分を変えなくてもいいのですが、「今までとはどこか違う自分」「昔よりいいねと言われる私」を、50代からは楽しんではいかがでしょうか。

私は50代に入ってから、人生初のファッションショーにモデルとして出演し、ランウェイを歩く経験をしました。年齢を重ねても、思いがけない経験はできるものです。

はじめから「私にはできない」と決めつけてしまっては、もったいない気がします。自分のコンフォートゾーンを破るのではなく、少しだけ広げてみればいいのです。そうやってチャレンジする姿を見せることで、新たな自分を演出すれば、周囲の反応も変わってくるでしょう。

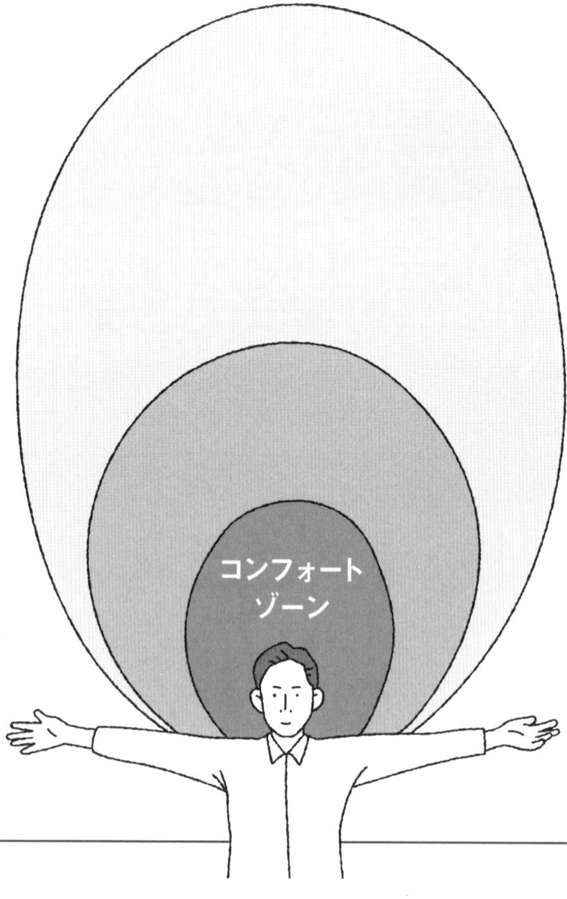

## 「昔の自分」と比べたら部下に煙たがられる!

### 過去の自分が頭に浮かんでもガマン!

あなたもこのようなセリフを、部下に口にしたことがあるかもしれませんね。実は、私の口癖でもありました。言っている本人は悪気はないのですが、これらは「部下に嫌われる上司のセリフ」の代表格です。事実、私も部下に嫌われていた時代もありました（笑）。

### 他人と比べられたら、誰だって嫌なもの

私生活でパートナーから、「前の奥さん（夫）は……」「前の彼女（彼氏）は……」などと言われたら、いかがでしょうか。もちろん、感じ方は人それぞれだと思いますが、いい気がしないという人も多いですね。昔の自分を引き合いに出して、今、目の前にいる部下との違いをアピールするのは、これと同じようなことなのです。

## 話の方向は自分に向けない。常に相手に向ける

### 自分の話を持ち出すのは、賞賛に飢えているから?

50代という大人だからこそ、部下指導でも余裕を持ちたいもの。自分中心に話を展開するのは、余裕を持っているとは言えません。それどころか、自分の未熟さ、恥をさらしているようなものです。

自分中心に話を展開するのは、周囲に認めてもらえていないから。賞賛を受けたい下心から、話の方向を自分に向けてしまうのです。

部下との関係を深めたいなら、相手の話に耳を傾けること。心に余裕のある人は、大人の魅力があります。部下もそのような上司に、ついていきたくなるでしょう。

# 指示を出すときのマナー

**POINT 1**
**命令と受け取られたら印象最悪**

**POINT 2**
**反発されないような言葉を選ぶ**

**POINT 3**
**指示を出すときは「お願い形」**

私たちもかつては上司や先輩から指示を出され、それに従う身でした。あなたも若手の頃は、「もっとわかりやすく指示を出して欲しい」「そんな言い方しなくても」などと思っていたかもしれません。

もし思ったことがなかったら、あなたは上司に恵まれていたのです。逆に「あるある！」と感じた方は、それはそれで幸せです。その上司は反面教師。あえてマイナスな見本を示してくれたのですから。あなたはかつての上司と、正反対のことを行えばいいのです。

## 「一方的な命令」と受け取られないように

### 指示を出すときは「部下の心地よさ」を意識

ビジネスシーンでは、部下への指示が付きものです。その指示に部下がどのように反応し動くかで、仕事がうまくいくかも決まります。

上司、部下といった立場に関係なく、誰かに指示を出すときは、思いやりの気持ちを忘れずに。あなたが敬意を持って接すれば、部下も耳を傾けてくれます。そうなることで、仕事がスムーズに進み、職場の雰囲気もよくなり、あなたの評価もアップするわけです。

### 直後にひと言添えるだけでも、反応が変わる

何かわからないことがあれば、
遠慮なく訊いてね
何か質問は
あるかな?

指示を出したあと、このような言葉を加えるだけで、部下は安心し疑問点をたずねやすくなります。結果、トラブルの発生率が下がります。

コミュニケーションをとりやすい環境を作ってあげることも、上司としての役割、仕事の1つ。まずはあなたから心を開き、声をかけ続けることが、部下の心の扉を開く鍵となるのです。

# ポイントは指示を出すときの言葉選び

## 同じ内容でも、言葉遣いで印象は変わる

指示を出すときに押さえておきたいのは、「伝わる言葉の選び方」です。「ものの言い方」「言い回し」と置き換えてもいいでしょう。

自分では何気なく言った言葉でも、言葉の選び方で印象は異なります。部下の気持ちと反応も、大きく変わるということです。

英語では「Sit down!」「Call me!」といった言い方は命令形ですが、前か後ろに「Please」をつけるだけで、依頼形へと変化します。「Please」のひと言を加えるだけで、相手が受け入れやすくなるわけですね。

全体を「Could you sit down, please?」のように言い換えれば、より丁寧な言い回しとなり、相手にこちらの要望を聞き入れてもらいやすくなるでしょう。内容は同じでも言葉選びで、その印象はぐっと変化するのです。

## 部下の個性に合わせて、言葉を変えるのが理想

どのように伝えたら部下が正しく受け取り、気持ちよく従うことができるのか。

常にそのことを考えながら、部下の性格やその場の状況に合わせて、言葉を使い分けましょう。ここがキャリアを積んだ人間力のあるあなたの腕、すなわちマナー力の見せ所です。

部下のために、
そんな細かいところまで
気を遣うの？

そのように驚いたり、気分を害した方もいらっしゃるかもしれませんが、部下を正しく導くためには、上司はそこまで気を遣わなければいけないのです。

そうした配慮ができる上司が、部下たちを魔法にかけるがごとく、指示通りに動かせることができます。そうして経験を重ねることで、部下も成長してくれて、あなたが注意や忠告をする場面も減ってきます。そのほうがあなたの楽になりますよね。上司と部下がWIN－WINの関係を築くために、部下への気配りや気遣いは必須なのです。

## 部下が自分から動く言葉選びのポイント

### 指示を出すときに命令形を使わない

あなたが若い頃に上司から、「あれをしろ」「これをして」と指示を出されたら、どのような気持ちになったでしょうか?

おそらくは上から目線の指示の出し方に、反発心を覚えたこともあったのではないでしょうか。一方、「~してください」といった丁寧語なら、前述の命令形よりは柔らかい印象になります。しかし、この言い方も一方的に伝えているだけなので、マナー的には命令形とみなすのです。相変わらず、部下には疑問を挟む余地がなく、相手の意向を無視していることになるわけです。

命令形は部下に好まれない――。そのように強く心に刻んでおきましょう。命令形は反感を買うきっかけとなり、円滑なコミュニケーションを阻害します。

### 部下への指示は「お願い形」が基本

常に相手の立場にたって、相手の意向をうかがうのがマナー。部下に指示を出すのであれば、次のような言い方がふさわしいでしょう。

**~してもらえるかな?**

部下に仕事をお願いする言い方に、釈然としない人もいるかもしれません。しかし、それは不要なプライドです。素敵な愛され50代は、このような考え方とはおさらばしましょう。

実るほど頭《こうべ》を垂れる稲穂かな。お願いするように指示を出すことで、部下は快く指示に従い、期待通りに動いてくれるでしょう。

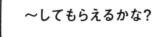

## お願い形で指示を出す2つのメリット

お願いするように指示を出すことには、2つの大きなメリットがあります。

1つ目は、相手を尊重する謙虚な姿勢が、さりげなく部下に伝わること。部下に好感を持ってもらえるわけです。

2つ目のメリットは、部下に「イエスかノーか」の選択権を与えていることです。

もちろん、「~してもらえないかな?」といった言い回しでも、上司からの指示に変わりはありません。従わない部下はまずいないでしょう。

それでも選択権が与えられたことで、部下の心には余裕が生まれます。それはあなたに対するプラスの感情につながります。お願いするような言い方をされれば、部下側も、事前にわかっていない部分がたずねやすくなり、ミスも減るでしょう。

## 使い勝手のいい「クッション言葉」

お願い形のほかにもう1つ、指示全体の印象を大きく変えて、あなたへの好感度を高める言葉遣いがあります。それが「クッション言葉」です。

クッション言葉とは本題の前に、相手をおもんぱかる気持ちを伝える言葉のことです。お願い形と組み合わせると、次のような言い換えができます。

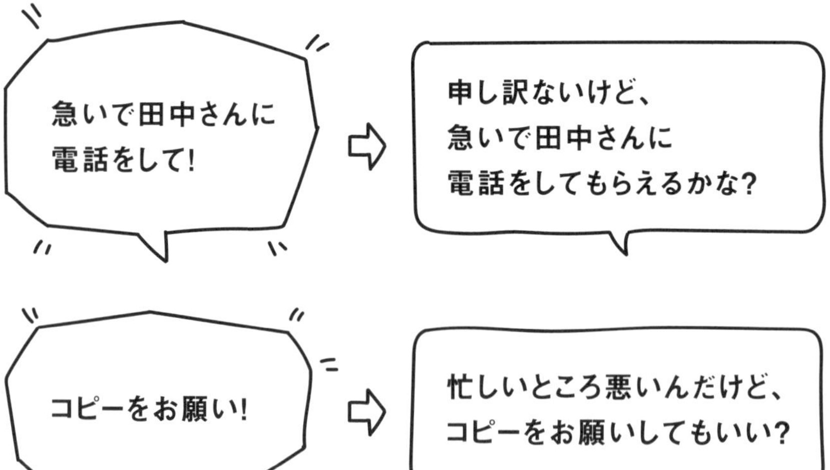


クッション言葉が添えられたことにも、部下はあなたの気遣いを感じます。

より一層、あなたへの信頼を高めることでしょう。123ページでお伝えしたように、部下の名前を呼びながらだと、さらに効果は高まります。

# 報告を受けるときのマナー

POINT 1
**報告を聞くことだけに集中する**

POINT 2
**部下が言いやすい雰囲気を作る**

POINT 3
**悪い報告にも「ありがとう」を**



ビジネスにおいて「報告・連絡・相談」は鉄則です。報告を受け、全体を把握することは、上司としての仕事の一環。ところが、自分の仕事に追われるあまり、「今忙しいからあとで」などと、素っ気なくしてしまったことはありませんか？

すると部下は、「失礼しました」などと言ってその場を去るでしょうが、心は相当に傷ついていること、おわかりでしょうか。私たちが、「これくらいいいでしょ」「あたりまえ」と思うことも、部下の立場にたてば、「断られた」「拒否された」「忙しい上司の邪魔をしてしまった」などなど、大変なミスをしてしまったという気持ちになり落ち込んでしまうのです。

勇気を出して報告をしにきた部下の立場にたってみて、「あとで」と一旦、断るにしても、そのときの状況や、表情、言い回し、言葉遣いには十二分の気持ちで対応をするのが大人です。

# 自分の作業中、部下が報告してきたら……

## 「お時間よろしいですか?」に顔をしかめない

仕事に集中しているときや乗っているとき、部下に「お時間よろしいですか?」と話しかけられたら、テンションが途切れてしまうのはわかります。機嫌が悪いときに話しかけられて、「こんなときに何だよ!」と思う場面もあるでしょう。

このような場面こそ、あなたの人間力の見せ所。自己中心的な気持ちは振り払い、「ああ、いいよ」と受け入れる姿勢になりましょう。

このとき、表情には穏やかな笑みをたたえましょう。間違っても、眉間にしわなど寄せないこと。

## 作業の途中であっても、一旦手を止める

人は無視されることを嫌い、恐れます。あなたも話しかけられたら手を止めて、部下との会話に集中しましょう。

パソコンでメールなどを書いている途中だと、部下の話に耳を傾けながらも、キーボードを叩き続けることもあるでしょう。あなたも「これくらいならいいだろう」と思っているのかもしれません。

しかし、それだけの動作でも部下にしてみれば、「自分が話しているときにほかのことをしていた」と不信感を覚えます。報告の内容が深刻だったり、悩みの相談に近い内容だったら、なおさらです。

もう少しで一段落といった状況でも、一旦は作業をストップさせましょう。部下の報告を聴くことだけに、全神経を傾けてください。

## 顔だけでなく、体ごと部下に向ける

言葉を発するときには、きちんと相手と向き合うのもマナー。そのことを体全体で表現してください。

体はパソコンに向かったまま、顔だけ部下に向けていても、向き合っているとはいえません。「さっさと話が終わらないかな。この作業を続けたいな」といった気持ちが透けて見えているからです。部下に対して失礼ですし、あなたの評価を下げてしまいます。

どうせ部下の報告が終わるまで、作業は再開できません。それなら体ごと部下に向けて、目と目を合わせて耳を傾けましょう。

必要以上に深く背をもたれたり、足を組んだり、腕組みをするのも避けること。いずれも威圧感があるように受け取られます。

## 部下が言いやすいように誘導するのも上司

あなたに話を聞いてもらいたくて、部下は勇気を出して声をかけてくれました。それでも上司であるあなたと向き合うと、緊張や遠慮などから、なかなか言葉が出てこないこともあるでしょう。

このような部下の気持ちを察して、話しやすいように誘導してあげる術も、50代になったら身に付けておきたいものです。

どうしたの?
困ったことがあるの?
1人で抱え込まず、
よかったら話してみて

このように話しかけるだけで、部下の気持ちは楽になります。周囲の視線が気にならないスペースなど、部下が話しやすそうな場所に移動してもいいでしょう。

## 「聞く」ではなく「聴く」を心がける

部下の話を聞くときには、「聞く」ではなく「聴く」に徹するのが、マナーの神髄を理解した上司の姿です。

まず「聞く」というのは、単に耳から入ってくる音や言葉を感じることです。耳からの情報だけに頼ることです。対して「聴く」は、相手に心を傾け、心で感じ、心で聞き入ることを指します。聴覚以外からも多くの情報を得ているのです。

この「聴く」という漢字を分解すると、「十四の心で耳を傾ける」となります。普段よりもはるかに集中して、耳を傾けるという意味合いが、漢字そのものに含まれているわけですね。

あなたの心のあり方は、言葉や行動となって表れます。部下の話をしっかりと聴くことで、互いの距離が縮まり、仕事も円滑に進んでいくでしょう。

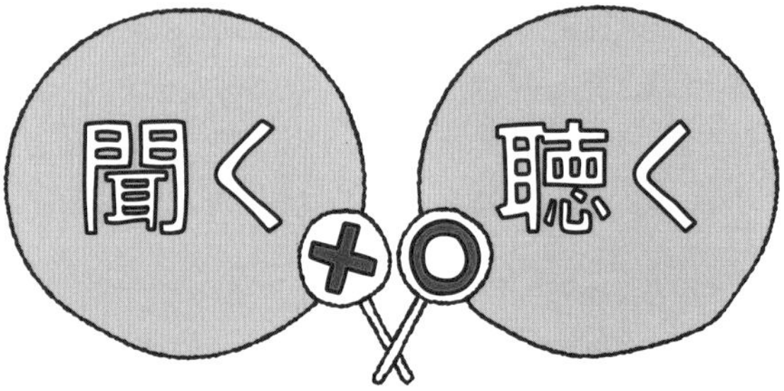


## 報告の途中で質問をしたいときは……

部下の報告を受けている途中で、質問したくなることもあるでしょう。

このようなとき、最後まで報告を聴いた上で、質問をする人もいると思います。

確かに途中で遮られるよりは、部下も報告しやすいですね。報告の後半に、質問に対する答えが含まれていることもあります。

しかし、報告が終わってから質問すると、その質問がどの部分に対するものなのか、すぐに伝わらないかもしれません。質問が複数だと、すべての答えを引き出すまでに時間がかかる上、それぞれの回答が不充分だったりします。

それよりは質問が浮かぶたびに、「ちょっと申し訳ないけど、一旦、ここで質問してもいいかな」と口を挟むほうが、互いが問題を理解できる場合もあります。部下も答えやすく、負担が軽くなるかもしれません。もちろん、相手によっては、ペースを崩し、次に何を話せばいいのかわからなくなってしまうパターンも否めません。

質問を入れるタイミングは、どちらが正解という鉄則はありません。部下との関係性やそのときの報告内容、質問の数などを考慮して、臨機応変に威圧感を与えないように、たずねればいいでしょう。

## 悪い報告であっても激しい追及はしない

トラブルなどのネガティブな報告の場合は、対応策についても考えなければいけません。その部下に引き続き対応させるのか、上司や別の部下が替わって引き継ぐのかなど、会社としての対応を話し合う必要があります。

ここでのポイントは、トラブルを引き起こした原因を、深く掘り下げることです。だからといって感情的に怒鳴ったり、問い詰めるような言い方はしませんね。

マナー力のある人は、感情を暴走させることはありません。常に平常心を保ち、真心を持って冷静に対応します。故に、人間力がある、と評価されるわけです。

## どんな報告にも「ありがとう」のひと言を

たとえ悪い報告であっても、冷静に最後まで話を聴きましょう。

そして報告が終わったら、マイナスな情報を包み隠さず話してくれた部下に対して、感謝の「ありがとう」を伝えることを習慣化しましょう。「よく報告してくれたね」などとほめることも大切です。

悪い報告は誰だって言いにくいもの。それでも部下は勇気を持って、事実を話してくれたのです。そうした気持ちを受け入れ、ねぎらう姿勢が、信頼される上司には求められます。信頼されるには、思いやりのある真に優しいあなたの気持ち、心が必須です。

### コミュニケーションは「先手必笑®」

人の気持ちは、お金や地位では買えません。あなたのほうが立場が上だからといって、部下が無条件であなたを敬って、指示通りに動いてくれるとは限らないのです。

部下が完璧に報告できるようになるのを待つのではなく、自分から報告しやすいシチュエーションを作ること。そうすることで正しい情報共有ができ、部下との関係が深まっていきます。コミュニケーションは「先手必勝」なのです。

そうして絆が強固になれば、お互いに心の底から微笑み合うこともできます。これは業務報告だけでなく、コミュニケーション全般に当てはまります。コミュニケーションにおいて「先手必勝」は「先手必笑®」でもあるのです。

# ほめ方のマナー

**POINT 1**
些細なことでも
ほめる姿勢を

**POINT 2**
ほめると感謝を
組み合わせる

**POINT 3**
ほめられるのが
苦手な部下も

仕事はお金をもらってやるのだからできて当たり前、いちいちほめたりはしない――。そのような考え方で、50代の私たちは育ってきました。

今は時代が異なります。突出した成果がなくても、ほめる時代になりました。

ほめるということは、相手を認めた証拠。あなたに認めてもらえた部下たちは、安心感を得て、仕事に邁進《まいしん》できます。ほめることによって、部下のポテンシャルは引き出されるのです。

## 「できて当たり前のことでもほめる」を習慣に

### 若い部下たちは、いつだってほめられたい!

SNSには読者からの「いいね!」の数が表示されます。「いいね!」の数は読者からの賞賛の度合いであり、投稿者の影響力の証でもあるのです。

若い部下には些細なことでも、ほめてあげるように心がけましょう。それが社員の義務の範疇でも、チャンスがあればほめるのです。

ほめられたことで承認欲求が満たされれば、仕事と向き合う姿勢も変わってきます。できて当たり前のことでも、若い部下たちはほめられれば喜ぶのです。

### 「感謝→ほめる」の順番だとほめやすい

できて当たり前のことを、いちいちをほめるなんて――。そんな抵抗感が拭えないようなら、「感謝」を口にすることから始めましょう。

部下が行った些細なことに、まずは「ありがとう!」と感謝を述べるのです。

感謝の言葉からスタートすると、それに続けて「よくできているね!」「わかりやすい資料でいいね!」といったほめ言葉も、自然と口をついて出るようになります。

### 「クッション言葉」との組み合わせも効果的

より部下の感情に訴えかけたいのなら、先ほどご紹介した「クッション言葉」を組み合わせるのもいいですね。感謝の言葉の前に、クッション言葉をつけ足すわけです。

**忙しいのに、ありがとう!**

**疲れているところ、ありがとう!**

こうした言い方だとより一層、ほめられた部下もうれしくなります。さらに部下の名前を呼びかければ、部下のあなたへの好き好きモードは、MAX。沸点を超えますね。

## 慣れてきたら「ほめる→感謝」の順番に変更

部下をほめることに慣れてきたら、逆パターンにチャレンジしましょう。先に部下をほめてから、感謝の言葉を告げるのです。

順番を変えると感謝の言葉に、より一層の説得力が生まれます。何に感謝したのか、理由が明確になるからです。

指示した仕事を行うことは、社会人としては当然の行為。だからといって、「やって当たり前」と突き放していたら、今の若い人たちはついてきてくれません。

ここは社会人の先輩として、何事にも感謝するという、人としての器の大きさと深さを示しましょう。

## 部下の仕事の進捗状況は、常に把握しておく

ほめる場面が多いほど、部下はやる気を出してくれます。些細なことでもほめるチャンスを見つけたら、積極的にほめてあげましょう。指示した仕事を終えたらほめて、集中して仕事をしていたらほめてあげるのです。

そのためには仕事の進捗状況を、常に把握しておく必要があります。部下が何をしているかわかっていれば、ほめるポイントも見つけやすいですからね。

指示した仕事の途中経過を確認することで、「もうここまでできたのか!　すごい!」と、完了前にほめるチャンスもつくれるのです。

# 「ほめられるのが苦手」な部下への接し方

## ほめられて伸びるタイプと凹むタイプ

最近の若い人たちの傾向として、「ほめられて伸びるタイプ」が多いことは間違いありません。だからといって、全員がこれに当てはまるわけではありません。「ほめられると凹む」といった若い人も、少なからずいるのですから。

このような傾向にある人たちは、過去に誰かにほめられて、あとで突き放されたなどの苦い経験があるのかもしれません。またそのような事態が原因となり、自信を持つことができずに、自己評価があまりに低すぎて、「自分なんかほめられるはずがない」と思い込んでいるのかもしれません。

いずれにしても、こうしたタイプはほめ方を間違えると、かえって心を閉ざしてしまいますから、慎重に対応しましょう。



## 普段の会話の中で、部下のタイプを見極める

マナーの神髄は相手の立場にたつこと。その部下がほめられることを好むのか嫌うのか、上司として正しく見極める能力も必要です。

その部下がどちらのタイプなのかは、何気ない場面から見えてきます。たとえば、一緒にランチを食べる機会があったら、次のようにたずねてみてはいかがでしょうか。

「俺は小さい頃からほめられることがなかったから、ほめられると何だか恥ずかしくて、苦手だったんだよな」

それに対する部下の反応で、どちらのタイプかが見えてきます。さらに「●●さんはどう? ほめられると嬉しい?」などと踏み込んでもいいでしょう。部下の人となりがわかるだけでなく、心の距離を詰めるきっかけにもなります。

## どんな部下でも「感謝」なら受け入れやすい

ただし、ほめられるのが苦手という部下も、本心は正反対であるケースが多くあります。過去にほめられる機会が乏しかったため、恥ずかしがっているだけなのです。ほめられ慣れていないせいで、疑心暗鬼が生じているといってもいいでしょう。

このようなタイプには、「感謝」から伝える方法が効果的。まずは「ありがとう」「助かるよ」などのお礼の言葉だけを伝えましょう。この段階ではほめなくて大丈夫です。

感謝の言葉だけを1ヶ月くらい続けたら、部下の行動をねぎらい、認める言葉も付け加えます。「よく頑張ったね」「大変だっただろう」といった具合です。

そちらも3ヶ月ほど続けると、部下も閉ざされた心を開いてきます。あなたのほめる言葉を、受け入れる姿勢が整っているでしょう。

部下の反応をよく見ながら、その人に合った言い回しを行うこと。焦らずじっくりと、心を開いてもらうことを目指しましょう。

# 注意・忠告・しかり方のマナー

POINT 1
基本は怒らない、しからない

POINT 2
しかるときは、感情を抑える

POINT 3
人前でしかれば反発される!

私たちはしかられたり怒られたりしながら、成長してきた記憶があります。社会人になってからも、上司にしかられることは日常茶飯事でした。

　ところが、現代の若者たちは家庭でも学校でも、しかられることに慣れていません。少し厳しい言葉をかけるだけで、「怒られた」と受け取り、落ち込んだりパワハラだと受け取ってしまったりするのです。部下のために、会社のために、かつ自身を守るために、しかり方をマスターする必要があります。

## 「なるべくしからない」が最近のしかり方？

### 仕事中、部下に伝えたいことは多々あるが……

上司である以上は日常の業務において、部下に「伝えなければいけないこと」は多々あります。社内の連絡事項であったり、ミスや問題点を正すためのアドバイスだったり、状況や内容はさまざまです。

単なる連絡事項であれば、感情的にならずに伝えられるでしょう。しかし、仕事に関する忠告やアドバイスは、ときに声を荒らげたり、嫌みっぽくなってしまうこともあります。当然、部下はネガティブな受け入れ方をするでしょう。部下のためを思ってのアドバイスが、パワハラと受け取られたら本末転倒です。

### 「怒る」は自分中心、「しかる」は相手中心

「怒る」と「しかる」の違いは、あなたもご存知ではないでしょうか。「怒る」は感情に任せて言いたいことをぶちまけること、「しかる」は相手の成長のために必要なアドバイスを伝えることです。

自分中心の行為である「怒る」に対して、相手中心の行為が「しかる」ともいえます。

### 今の基本は「怒らない」「しからない」

それでも、注意される部下にしてみれば、「怒る」も「しかる」も大差ありません。両者の違いに気づくには、人としての経験が必要ですからね。部下のためを思ってしかっていても、怒っていると受け取られる危険はあるわけです。

今の上司のスタンダードは、部下に忠告、注意はしても、「部下を怒らない」「部下をしからない」です。釈然としないかもしれませんが、自己防衛のためにも必要なことです。一方で、先に、忠告や注意はしても、とお伝えしましたが、これを怒られた、などと言われる可能性も否めない社会になりました。となれば、「部下を注意しない」「部下に忠告しない」も心がける必要があります。

こうしたがんじがらめの状況でも、部下を指導する立場にある以上、上司として伝えるべきことは伝えるという役割や業務の一環としての義務もあります。

ここで、大事なことは、悩みすぎて、うつ病になったりなど、あなた自身の心身における体調を崩さないことです。部下に対して「言うことをきいてくれない」「言うことをきかせなければ!」と落ち込んだり、躍起になっては、あなたの身がもちません。次項でお伝えする内容を、楽しみながら実践してみてください。

## 勤務態度を改善させたいときは「伝えるモード」で

### 社内の連絡事項と同じトーンで伝える

現在、注意をしたりしかったりすることに対して、それらが歓迎されない状況のなかで、問題のある部下と向き合うには、あなたの意識を「伝えるモード」に切り替える作業が必要です。

社内の連絡事項を告げるとき、感情的になる必要はありません。このことは先ほども少し触れました。

部下の考え方や姿勢が間違っているときも、同じようにすればいいのです。淡々と必要なことを伝達すればいいわけです。



### 感情を込めなければ、部下も受け入れやすい

出社やオンライン会議などで遅刻をくり返している部下を、「また遅刻して! 何を考えているんだ!」と怒鳴りつけたところで、それが改善されることはありません。「遅刻はよくないよね。これからは遅刻しないように」といったやさしい言い回しでも、状況はそこまで変わらないでしょう。

それに「遅刻はよくないね」という言い方は、部下の行動の善悪を断じています。感情が込もっているわけですから、双方の気持ちが高ぶる危険も秘めています。

部下の遅刻が社内ルールにそぐわないとか、周囲に迷惑をかけるなどの場合は、シンプルにそれを伝えるだけでいいのです。

「当社の始業時間は8時50分だから、これからは始業時間には即、業務開始できる体制をとってね。オンライン会議でもみんなを待たせないように」

これなら事実を伝えているだけですし、善悪のジャッジも下していません。感情的になる危険もないわけです。

## 「注意・忠告」などの指導が不可避な状況での注意点

伝えることで部下が問題点を自覚して、改善のために努力してくれれば、それで問題は解決します。しかる必要もなくなります。

ところが、すべての部下が変わってくれるとは限りません。上司である以上はどうしても、注意せざるを得ない場面もあるでしょう。こうした場面でトラブルを避け、部下に忠告を受け入れてもらうためにも、「注意・忠告・指導の注意点」を押さえておきましょう。

## 部下指導するときの3つのOK行動

①表情や態度は柔らかく、優しく
②相手の名前を呼びながら会話を進める
③伝える言葉ははっきりと

部下を指導するときに心がけたいのは、「①表情や態度は柔らかく、優しく」「②相手の名前を呼びながら会話を進める」「③伝える言葉ははっきりと」の3つです。

しかるは部下のためを考えて、よい方向へ導こうという指導です。それを素直に受け入れてもらうためには、「言葉の花束」も一緒に贈る気持ちが欠かせません。先ほどの3つのOK行動を押さえることで、部下は自然と耳を傾けようとします。

## 部下を指導するときの3つのNG行動

①大声で怒鳴らない
②睨みつけて威圧感を与えない
③正当な理由があっても、人前で怒りの感情をぶつけない

逆に部下指導におけるNG行動も3つあります。こちらは「①大声で怒鳴らない」「②睨みつけて威圧感を与えない」「③正当な理由があっても、人前で怒りの感情をぶつけない」です。

いずれも部下の自尊心を傷つけるだけで、指導の効果は得られません。このどれかに当てはまった時点で、「しかる」ではなく「怒る」なのです。

このうち「①大声で怒鳴らない」「②睨みつけて威圧感を与えない」は、上司が感情的になったときに起こります。

誰にだって感情はあります。何度注意をしても改善されなければ、部下の前で感情をあらわにしたくなるでしょう。

しかし、その感情は部下への苛立ちではなく、自身に対する苛立ちから生じたのかもしれません。ふがいない自分への怒りを、どこにどうやってぶつけていいのかわからずに、部下に向かってしまうわけですね。

部下もそのことを感じ取りますから、素直に受け入れることができないのです。これらは、子育てやペットなどの動物たちとの関係も同様のことがいえますね。

## 自己分析とともに、他人の意見を聞いて、訊いてみる

あなたが感情的になりやすいタイプなら、特に注意が必要です。自分では冷静に振る舞っているつもりでも、周囲からは感情的と受け取られていることも珍しくないのですから。そのためにも気の置けない同僚や後輩、あるいは友人や家族から、自分のイメージを訊いてみましょう。

あなたが感情を表面に出しやすいタイプだったら、「心の切り替えスイッチ」を持っているといいですね。一度その場から離れて空を見るとか、トイレで手と顔を洗うとか、鏡を見てニッコリするといった具合です。

## 怒りの感情は「6秒」あれば過ぎていく

人間は怒りの感情がこみ上げても、6秒あれば静まるといわれています。怒りそうになったら深呼吸をするだけでも、冷静さを取り戻すことができるわけです。

洗練された大人であればあるほど、感情の起伏は表に出したくないもの。部下をしかったり注意したりするときも、感情的にならないように注意してください。

## 人前でしかることは、百害あって一利なし!

部下指導のNG行動の最後は、「③正当な理由があっても、人前で怒りの感情をぶつけない」でした。

私はマナーコンサルタントとして、中国人スタッフを多く抱える企業から、管理職研修を依頼されるケースがよくあります。このようなときに決まって伝えるのが、「しかったり注意したりするとき、絶対に人前は避けてください」ということです。

しかられるだけの理由があったとしても、それを人前で指摘されたら、部下のプライドは大きく傷つきます。中国人スタッフはこの傾向が顕著ですが、日本人であっても本質は変わりません。誰だってしかられている姿を、周囲に見られたくないのです。

## 場所を変えるだけでも、部下の反応は変わる

人前でしかったり、注意をした瞬間、部下は心を閉ざします。あなたの忠告を受け入れることを拒むのです。やり取りを見ているほかの社員も、職場の空気を悪くしたことに対して、あなたにネガティブなイメージを抱くでしょう。

人前でしかったり、注意をしたりすることは、百害あって一利なし。ほかの人がいない場所やタイミングで伝えることも、上司としての大切なマナーです。

## 反発されづらいしかり方、注意・忠告のし方とは……

### 共感した上でしかる「ハンバーガー話法」

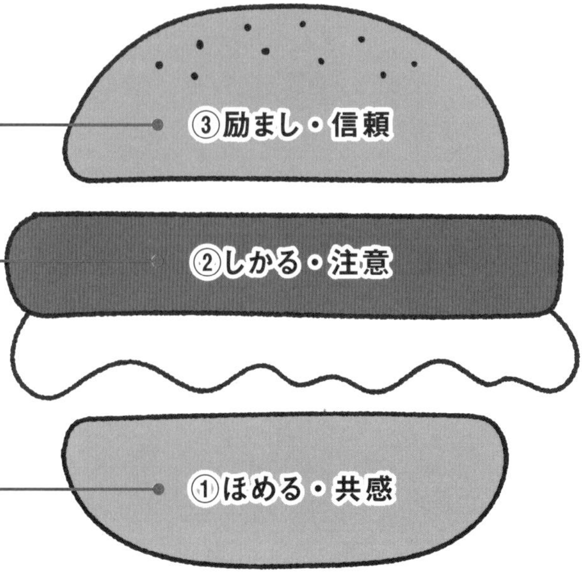


ここまでオーダーが多いと
在庫管理も大変だよね。

とはいっても、このところ連日、
数字に間違いがあるから、
今後は間違わないようにしてくれるかな。

佐藤さんだったらデキるから、
頼んだよ。

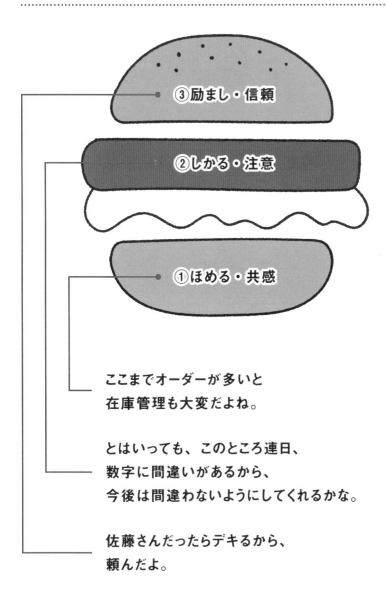

部下に忠告を受け入れてもらうためには、今の部下の境遇に共感した上で、しかったり注意・忠告をしたりすることです。そのためには「ハンバーガー話法」を駆使すると効果的です。

ハンバーガー話法とは、私が作った造語ですが、「①ほめる・共感」「②しかる・注意」「③励まし・信頼」の順に話すことです。

メイン部分の「②しかる・注意」を、「①ほめる・共感」「③励まし・信頼」で挟むことで、全体として受け入れやすくするわけです。有名なサンドウイッチ話法は、上下のパンの形が同じですが、ハンバーガーは上下の形が異なりますね。つまり、①と③に変化をつけることで、注意や忠告をされた相手の気持ちを最終的に前向きに変化させていくわけです。

この忠告も本当に伝えたいのは、「とはいっても、このところ連日、数字に間違いがあるから、今後は間違わないようにしてくれるかな」の部分です。それに耳を傾けてもらうために、部下の立場に共感することからスタートして、最後はポジティブに背中を押すわけです。



## 失敗談だけは、上司の昔話が歓迎される!

125ページで「上司が昔話をすると、部下に煙たがられる」といった話をしました。ただし、仕事のミスや失敗談は、この限りではありません。むしろ「私も過去にこんな失敗をしてね……」と、過去のエピソードを話すことで、部下は心を開いてくるのです。

部下にとって私たちは、親と大差ない年齢です。そんな年上の人とのコミュニケーションに、少なからずとも、彼らは緊張しているのです。「自分とはレベルが違う」「雲の上の人」と思っている部下もいるでしょう。

そんな年齢も立場も違うあなたが、若い頃の失敗談を話したら、彼らはどのように受け取るでしょうか?

きっと「失敗は誰にでもあるんだ」と感じて、安心感が芽生えることでしょう。さらには雲の上の存在と思っていたあなたにも、自分と同じような経験をしてきたことに、親近感を得て感動するはずです。

失敗談を伝えるときには、やさしい表情を浮かべつつ、少し遠くを見つめましょう。懐かしい過去を回顧するまなざしですね。話す速度は少しゆっくりめに。失敗が糧になることの、生き証人になってあげればいいのです。そうすれば、直接しかったり、注意をしたりする必要もなくなることでしょう。

## オンラインの基本マナー 10 箇条

新型コロナウイルスの流行をきっかけに、テレワークやWeb会議が急激に広まりました。「仕事は会社でやるもの」「打ち合わせは対面でやるもの」といった価値観で育った世代には、戸惑うことも多いかもしれません。

今まで憧れの上司・先輩として君臨していた私たちが、不慣れなオンライン導入で恥をかくことは避けたいところです。「つい」「うっかり」では済まされない、「最低限、おさえておきたいオンラインの基本マナー」をお伝えいたします。

### 1. インターネット環境を整える

無線より有線でつないでいるほうが途切れることなく安心です。

### 2. 新しいバージョンのPCを

新しいバージョンだとスムーズな映像として配信されます。相手を待たせてしまうくらい遅かったら、買い換えも検討しましょう。

### 3. 充分なバッテリーを

バッテリー切れで突然、オンラインが中断！　なんてことにならないように、パソコンなどは十分なバッテリーを確保しておきましょう。オンライン中は有線で電源をつないでおくと安心です。

### 4. 飲食物は近くに置かない

飲み物や食べ物をうっかりこぼして、PCやスマートフォンなどを破損させないように注意しましょう。

### 5. 画面は目の高さになるようにセッティング

画面が目線より下になると、猫背になり首や肩、腰などに負担をかけます。また顎から映るので、鼻の穴が映り不快になる人もいます。

### 6. 豊かな表情で

画面には、上半身しか映らないので、対面時以上に表情を意識し「感じのいい人」を伝えましょう。

### 7. オーバーリアクションを

リアルでは、拍手の音や実際にハグをしたりなどで、気持ちが伝わりやすいのですが、オンラインではオーバーな身振り手振りをして感情を相手に伝えます。拍手をするときは、PCなどのカメラに手を近づけて拍手をすると盛り上がります。

### 8. 話し方・言葉づかい

不動ではなく、ジェスチャーをつけながら。聞き取りやすいようにわかりやすく、気持ちゆっくりめに話すように意識しましょう。「リモハラ」といわれるNG ワードには要注意。

### 9. 服装

シワのない清潔感を感じるスタイルを。白、生成り系の無難な色は安心です。複数の方々が参加するオンライン会議で、自分を目立たせたい場合には、明るめのお色を着ます。

### 10. 背景

背景はその人のセンスがあらわれます。本があれば知的なイメージになりますし、シンプルな背景は清潔感を感じます。背景はいくつかのパターンを用意しておき、相手に合わせて変えるのも素敵です。

# 第6章

# 品格を感じさせる「会食のマナー」

企業では、内定者を集め、
役員たちとの会食を行う場合があります。
その際に、テーブルマナーができていない人は、
内定取り消しになるケースがあるほど。
それは、食べ方以前の人や料理に対する思いやりが
どれだけあるかという点を見られているのです。
心と技がともなったテーブルマナーは
デキるビジネスパーソンには必須です。

# 会食やパーティーに招待されたとき

POINT 1
参加の有無と無関係に感謝を

POINT 2
必ず同席者を探す。1人はNG

POINT 3
断る場合でも、言い回しに注意

会食やパーティーに招待されたとき、今までは部下の立場として、上司や先輩の指示に従うことがほとんどだったのではないでしょうか。

これが50代になると、自身の判断や権限による場面も多くなります。具体的にどのような対応をすればいいのか、迷う人も多くいらっしゃいます。

招待されたときにもベテランらしく、余裕を持ってスムーズかつ謙虚さを忘れない対応ができる人は素敵ですね。

## どのような連絡手段で誘われても、まずは感謝

### 対面または電話で招待されたとき

お会いしたときに直接、または電話で招待された場合は、まず「ありがとうございます」と感謝の気持ちを伝えます。ここで「いつものことだ」「またか」などの気持ちは禁物。招待されたことへの感謝を笑顔で伝えましょう。

感謝を伝えたあとは、参加できるかどうかを先方に伝えて、参加のできる場合は日程の調整をします。

社内での確認が必要なら、参加できるかはその場では明言せず、「社内で確認をとりまして、改めてご返事いたします」などと伝えてください。

参加できるかハッキリしない状況では、安易なことは言わないことです。いかにも参加できそうな返事をして、後日NGとなった場合、相手をがっかりさせてしまいます。



### 郵送物やメールで招待されたとき

対面ではなく、郵送物やメールで招待されることもあるでしょう。このようなケースでは、郵送物であれば郵送物での返信、メールであればメールでの返信と、相手に手段を合わせることがマナーとされています。

しかし、招待した側と親しい間柄であれば、まずは電話でお礼と参加できるかどうかを伝えてもまったく問題はありません。むしろそのほうがスピーディーですし、日程調整などもスムーズに進みます。特に郵送物に郵送物で返信をすると、数日のタイムラグが発生します。通信手段を合わせて、相手に返事を待たせてしまうよりは、電話で伝えたほうが相手のためでもあります。

ただし、郵送物やメールで招待された場合、電話だけで済ませるのも失礼です。電話のあとに改めて、郵送物には郵送物で、メールにはメールで、正式な返信をします。これなら相手をお待たせすることなく、マナーとしても完璧です。

## 食事を選ぶときは、無理に相手に合わさない

### 招待された側が店を選ぶのが本来のマナー

ビジネスの会食などの接待では、招待した側が招待された側に、日時や食事内容をうかがうのが本来のマナーです。

このような場合、招待した側はいくつかの候補を提示するでしょう。あなたはその中から、希望の日時や食事内容を選ぶことになります。「恐れ入ります。それではお言葉に甘えて、和食でお願いできますか」、親しい相手であれば「久しぶりに、和食でいきましょうか」などといった具合に伝えます。完全に自由に選べる場合は、素直に希望を伝えれば大丈夫です。

### 先に店やメニューが決まっている場合も……

ただし、行く店やメニューがすでに決まっている段階で、会食に誘われるケースも少なくありません。このような場合、アレルギーなどの健康上の問題や、宗教的にタブーといった食材がなければ、相手からの提案を快く受けましょう。

逆にそうした問題があったら、「申し訳ないのですが……」と前置きしてから、食べられないメニューとその理由を伝えましょう。ガマンして食べる姿を見せるよりも、ありのままの事実を伝えるほうが、お互いのためになります。

## 意外と見逃しがちな「参加人数の検討」

### 相手の人数に合わせて、こちらの人数も決める

ビジネスにおける会食は、1人での参加を避けるのがルールです。取引先と1人だけで会っていると、癒着などを疑われる可能性もなきにしもあらずだからです。会食の場に誘われる機会の多い方なら、日頃から心得ていらっしゃることでしょう。

会食などの招待を受けた場合も、複数人で参加することが基本です。まずは「何人でいらっしゃいますか?」と、先方の参加人数をうかがいましょう。

たとえば先方が「2~3人でうかがいます」と答えたら、「では、お差し支えなければ私の部下の〇〇も、勉強のために同行させていただいてもよろしいですか?」といった具合に、近い人数での参加を伝えればいいわけです。

## 絶対に1人だけでは出席しない！

先方が1人しか来ないという場合でも、同行者を探すのは鉄則です。社内にあなたより立場が上の人がいるのなら、必ず事前に相談します。

ベテランになるとある程度の権限を任されて、社内での自由度もあるかと思います。しかし、いつまでも初心を忘れずに基本に忠実であることが、より一層の信頼につながり、部下後輩への良いお手本ともなります。会食に誘われたときも、「自分だけでいいよな」などと考えず、必ず同行者を探してください。

# 断るときも、失礼にならない言い方で

## 日程を理由にお断りする場合は簡単

せっかくのご招待を、お断りすることもあるでしょう。とても残念なことですが、都合があることですから仕方がありません。

単にスケジュールが合わないだけなら簡単です。「せっかくお誘いいただいたのですが、あいにくその日は予定が入っておりまして」と伝えればそれでOKです。

そうすると相手も不快な気持ちにならないでしょうし、日程の変更が可能であれば、別の候補日を挙げてくれるでしょう。

## 「こちらの都合で無理」とのスタンスで

一方、「社内ルールで取引先との会食がNG」といったケースでは、日程を変えれば参加できるというものではありません。相手がコンプライアンス的に問題のある企業で、深く付き合いたくないという場合は、なおさら断らないといけないでしょう。

このような場面では、「自分たちの問題で出席できない」といった言い方を心がけましょう。「弊社のコンプライアンスの問題で、会食を控えるような傾向にありまして」「繁忙期で時間的にむずかしい状況でして」といった具合です。

このような場合でも、招待してくださったことに対する感謝の気持ちは、最後まで伝えるようにしましょう。そうすれば次の機会につながりますし、関係も良好に保つことができます。

# 入店時・着席時の立ち居振る舞い

**POINT 1**
遅刻は厳禁。早すぎるのも失礼

**POINT 2**
自分が先に座ると周囲も座れる

**POINT 3**
取引先と目を合わせつつ乾杯を

長年のビジネス人生において、取引先との会食やパーティーには、何度も参加してきた私たち。しかし、その立ち居振る舞いは、本当に正解だったでしょうか。50歳以上のベテランだからこそ、取引先や部下後輩たちから「さすが！」と思われる立ち居振る舞いをしたいものですね。

会食やパーティーは、直接の仕事には関係ないから、と気軽な気持ちでいると、思わぬ落とし穴にはまってしまうことも。会食当日もベテランらしく、スマートに対応しましょう。

# 会食の場でも「5分前に到着」がベスト

## 会場到着は5分前。早すぎるのも逆に失礼

日本ではことあるごとに、「5分前の行動」といわれます。これはビジネスの会食でも同様です。約束の時間より早めに着席し、ドリンクのオーダーなどを行い、互いに挨拶、乾杯ができる状況にしておくのが礼儀です。

時間ぴったりに行くと「迷っているのではないか」「何か事故に遭ったのでは」など心配をかける可能性もあります。会食もビジネスの一環ですから、タイムマネジメントは重要です。

とはいえ、到着が早すぎるのも困りもの。先方はお迎え時間の直前まで、慌ただしく準備をしているのですから。10分も20分も早く到着してしまったら、セッティングの邪魔をしてしまうだけでなく、先方に気を遣わせてしまうのですから。

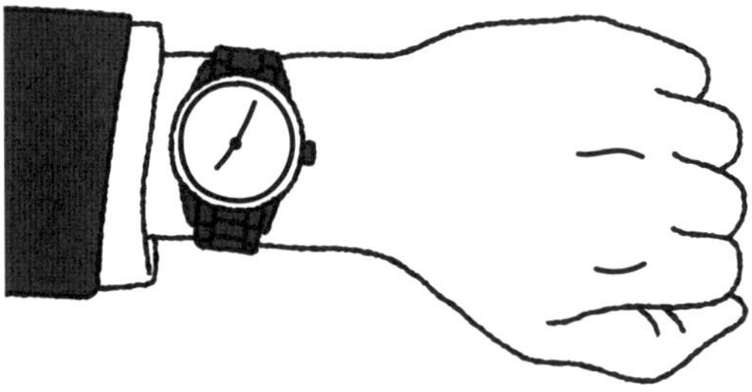

やはり5分前に到着するのが、ベストのタイミングといえます。ベテランになったらより一層、取引先への配慮を欠かさないこと。

## 遅刻はしないほうがいいけれど……

会食もビジネスシーンに含まれる以上、遅刻は厳禁。ただし、どうしても遅れてしまう場合は、早めに連絡を入れましょう。

確実な手段は先方の携帯電話に、直接連絡を入れることです。これなら行き違いもありません。

ただし、先方がセッティングに追われていると、電話に出てくれるとは限りません。このような場合は、メールで連絡を入れます。最近は社会人の大半が、スマホや携帯電話でメールを受信できるようにしています。

さらにはメールも読まれない可能性も考慮して、会場となるお店に電話をして、「本日、18時から●●会社で予約がはいっていると思うのですが……」とまずはそのお店で間違いないか確認をした上で「お手数ですが、●●会社の方に、10分程度遅れそうです、と伝言をお願いできますか」と伝えましょう。これなら確実に、遅れることが伝わります。

## 店に到着したときに注意するポイント

### 第一声は、招待されたことに対する感謝

こんばんは。
このたびはお招きくださり、
誠にありがとうございます

接待の場に訪れて初めて先方にお会いしたときには、招待してくださったことへの感謝と喜びの気持ちを言葉と行動で伝えます。「こんばんは。このたびはお招きくださり、誠にありがとうございます」と挨拶言葉のあとに、お辞儀でその気持ちを一層表現します。

会食の場では常に、招待くださったことに対して、感謝の気持ちを忘れずに振る舞います。接待の場を後にする最後の最後まで、その感謝の気持ちを持ち続けます。別れ際にも「本日は誠にありがとうございました」と伝えることが、洗練された大人のマナーです。

### 高級店であっても、堂々と振る舞うこと

店先に先方の関係者がいなかったら、お店の受付に「●●時からの▲▲会社の●●さんに招待されている者ですが」と伝えます。

予約時間と社名が一致すれば、スムーズにあなたを座席まで案内してくれるでしょう。高級店などでは、場合によっては、ウエイティングルームなどに案内されて、「少しこちらでお待ちいただけますか」と言われる場合もあります。いずれにせよ、お店の人の指示に従いましょう。

### 宴席に向かうときは、並び順に注意

席に案内されるときは、お店の人が先頭になり、その次に招待されたあなたが続き、最後に招待した側の関係者の順番になります。

同行者の地位があなたより上だったら、あなたより前を歩いてもらいます。逆にあなたの地位が一番上なら、同行者の前を歩きます。

落ち着きなく辺りを見回したり、足を引きずって歩くのはNG。高級店でもひるむことなく、姿勢良くスマートに歩きましょう。

# 着席のときに迷わない「席次」のマナー

## 基本は「先方にすすめられた場所」に座る

会食といえば「席次」が気になりますね。招待された側であっても、こちらがお仕事を請け負っている立場だと、上座に通されることに気がひけるかもしれません。

しかし、あなたは招待された側。勝手に下座に座ることなく、先方の意図を配慮して、すすめられた場所に着席して構いません。先方が上座と下座を勘違いして、あなたを下座に案内した場合も、指摘せずに座りましょう。

席次は「出入り口からもっとも離れた奥の座席が上座。出入り口にもっとも近い手前の座席が下座」とさえ覚えておけば、招待された場で混乱することはないでしょう。

中華料理の席次はやや複雑ですが、招待される側であるのなら、1番目〜3番目までの席次を覚えておけば充分です。

**洋食**

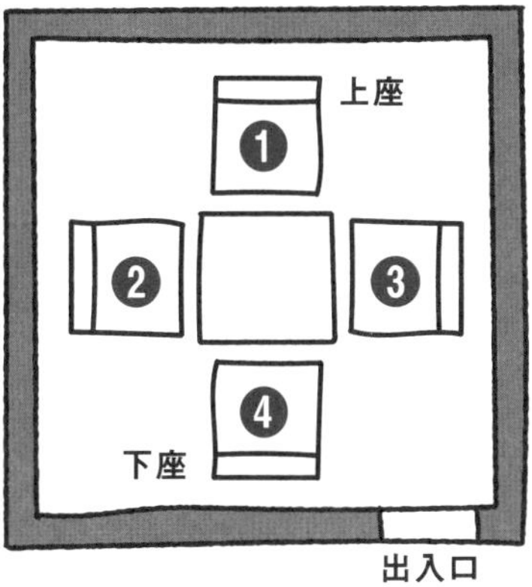


**和食**

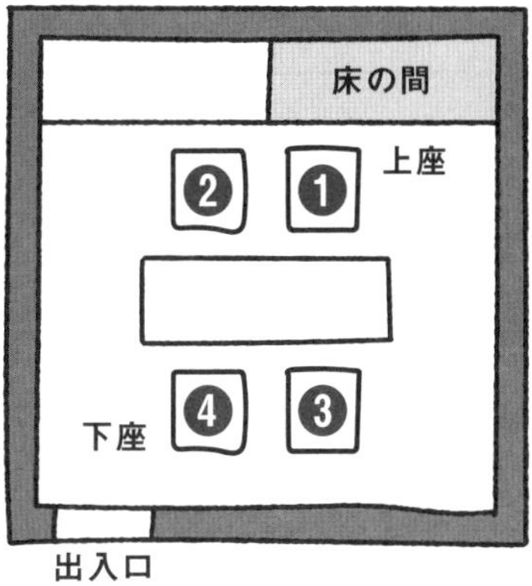


**中華料理**

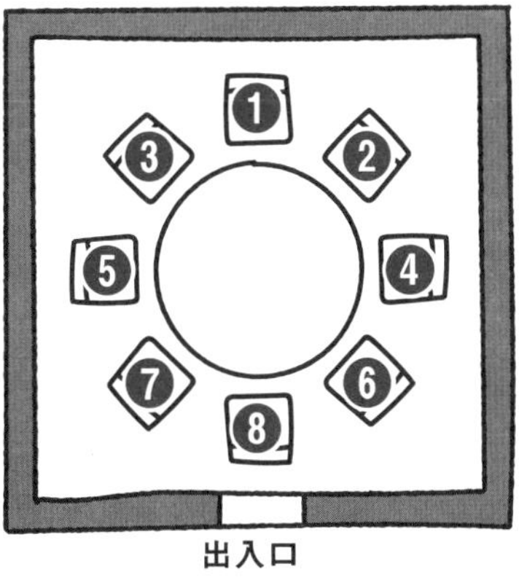


※ソーシャルディスタンスを考慮し、柔軟に対応しましょう。

## 「招待された側の年長者」が最初に座る

また自分の部下や同僚なども同席する場合は、あなたが一番に着席します。そうすることで、ほかのメンバーも座ることができるからです。同行者の地位があなたより上だったら、その人が座ってからあなたも座ります。

案内されたのがテーブル席で、お店の人が椅子を引いてくれたら、左側から回り込むように椅子の前に立ちます。お店の人が椅子の位置を戻して、膝の裏に軽く触れたタイミングで腰をゆっくりと下ろしていきます。

左側から椅子に座るのは、騎士たちが体の左側に剣を携行していて、右側から座ると邪魔になっていたためです。

# 気持ちよく会食をスタートさせる「乾杯」の流儀

## 「乾杯」では周囲の人と目を合わせる

全員にお酒などの飲み物が注がれたら、乾杯のためにグラスを持ちます。

ビールグラスの場合は利き手で、グラスの下のほうを持ちます。女性の場合はさらにもう片方の手を、ビールグラスの底に軽く添えるとエレガントです。

先方の簡単な挨拶が終わり、「乾杯」の音頭をとられたら、目の高さまでグラスを上げます。周囲の人と目を合わせて、互いに「乾杯」を伝え合い、一口飲みます。

接待の場合ではほとんどの場合、接待する側が接待される側の上席と次席の人に、順に目を合わせます。接待される側も視線を合わせて、会釈をしてから口にします。

## 乾杯はグラスを合わせないのが正式だが……

グラス同士をぶつけて音を立てる乾杯は、正式なマナーではありません。グラスに傷をつけたり、割れたりする恐れがあるため、基本的には避けるといわれています。

しかし、乾杯をする相手がグラスを合わせてきたら、同じように合わせるのもマナーです。グラス同士をぶつけないように、あなたがグラスを遠ざけたら、相手の気持ちを無にしてしまいます。

マナーとは相手の立場にたつこと。相手の立場やふるまい、言葉に応じて、相手に合わせた行動を取ることが真のマナーです。

やみくもに形式だけを覚えて、それを実践していれば、認められるというわけではありません。特に年齢を重ねてからは、マナーの本質を理解したいもの。柔軟な立ち居振る舞いをスマートにこなせるのも、50代以上の私たちだからこそです。

# 高級レストランでの洋食のマナー

**POINT 1**
カトラリーは外側から順に使う

**POINT 2**
肉や魚は左側から切り分ける

**POINT 3**
スプーンは主にスープのため

フォークやナイフ、スプーンなどのことを「カトラリー」といいます。

洋食を食べるときには、このカトラリーを使って食べます。しかし、日常においてカトラリーの持ち方を、正式に学ぶ機会はなかなかありません。

ビジネスシーンにおいても、取引先などと食事をするシーンはありますね。

信頼されるベテランとして、美しくかっこよくカトラリーを使いこなせると、あなたの株はさらにあがります。

## カトラリーは外側から使うことが前提

正式な洋食のコース料理では、テーブルの上にカトラリーが並んでいます。これらは料理が出てくる順番に合わされているので、外側から内側へと使っていくと、自然と運ばれてくる料理にマッチします。

時々、スプーンのような形状をした平たいカトラリーが右側に置かれていることがあります。こちらは、主に魚料理の際にスプーンとしてもナイフとしても使用できるもの。肉料理用のカトラリーがもっとも大きなナイフとフォークです。

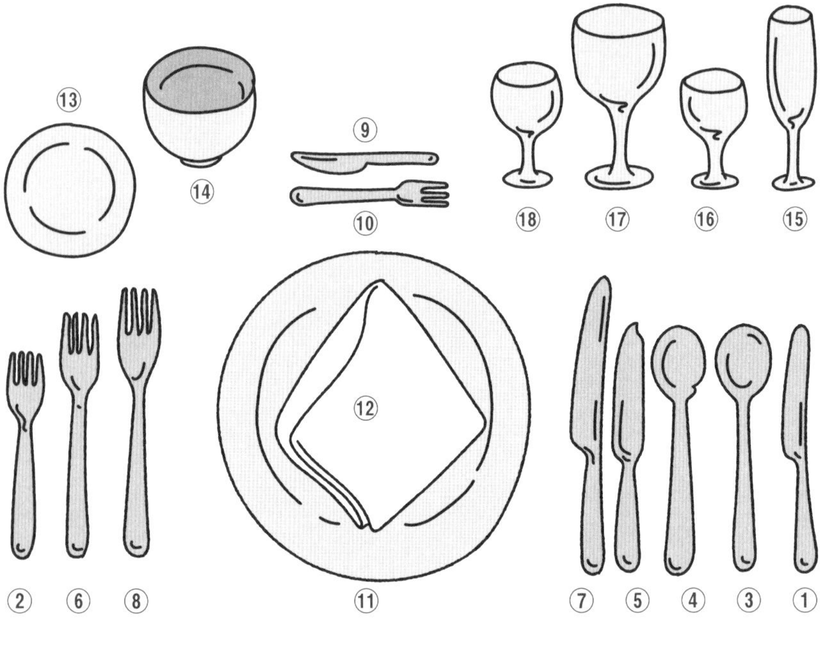


**①オードブルナイフ**
**②オードブルフォーク**
**③スープスプーン**
**④ソーススプーン**
**⑤魚用ナイフ**
**⑥魚用フォーク**
**⑦肉用ナイフ**
**⑧肉用フォーク**
**⑨デザートナイフ**
**⑩デザートフォーク**
**⑪位置皿**
**⑫ナプキン**
**⑬パン皿**
**⑭フィンガーボウル**
**⑮シャンパングラス**
**⑯白ワイングラス**
**⑰赤ワイングラス**
**⑱水用グラス**

## フォークとナイフの扱い方（右手の場合）

### フォークとナイフの基本的な持ち方

フォークは左手で持ち、上から人差し指で押さえます。グラグラするなどうまく扱えない場合は、人差し指をフォークの背（盛り上がった側）に近づけると、扱いやすくなります。

ナイフは右手で持ち、やはり上から人差し指で押さえます。ただし、魚用ナイフは親指と人差し指で、ナイフを挟むように持ちます。

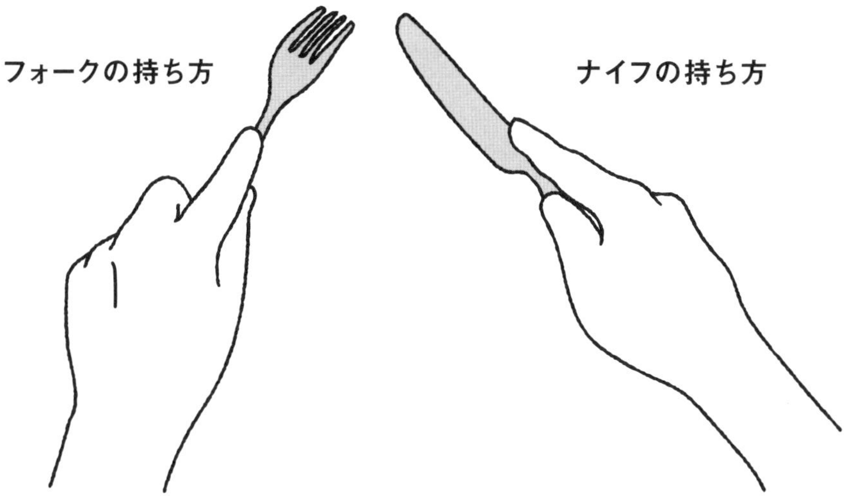


### フォークとナイフを使った食べ方

**❶オードブルの食べ方**

フォークとナイフで左手前から、一口大に切って食べる。お料理の種類によってはスプーンで食べる場合もあるので、順番に応じたカトラリーで食べる。

**❷魚料理の食べ方**

骨のない切り身魚は、左端から一口大に切って食べる。あまり現実的ではありませんが、もし、尾頭付きの魚がでてきたら、ナイフで上身を外してお皿の手前に置き、左側から一口大に切って食べる。上身を食べ終えたらお頭や中骨、尾ひれを外し、お皿の奥に置き、下身を左側から食べる。裏返して下身を食べるのはNG。

## ❸肉料理の食べ方

左側から一口大に切って食べる。ナイフを前後に軽く動かして切ると、美しく見える。力まかせに切らないように。初めにすべて切り分けるのはNG。肉汁が流れ出てしまい、旨味が失われ、冷めやすくなる。

## ❹サラダの食べ方

基本的にはナイフを添えながら、フォークでまとめて食べる。大きな葉物野菜は、先にナイフで切ってもよい。プチトマトなどの丸くて滑る野菜は、フォークに刺して口に運ぶ。うまく刺せないときは、フォークの腹（くぼんだ側）を上にして、その上にのせて食べてもよい。

## ❺パスタの食べ方

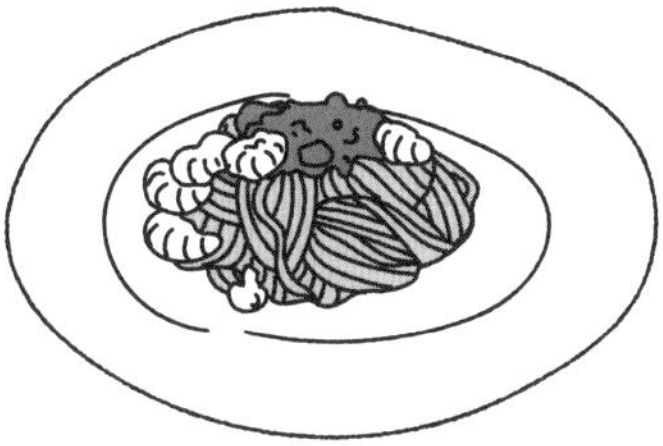

基本的には、フォークのみを使用する。上から2～3本を取り、お皿の中、手前でフォークに巻きつけ口に運ぶ。イギリスやフランスなどでは、ナイフでパスタを切り、フォークで食べることもある。ショートパスタは、フォークに刺したり、ハラの上にのせて食べてもOK。

# スプーンの扱い方（右手の場合）

## スプーンの基本的な持ち方

中指の第一関節よりやや下の位置に、スプーンの柄の上から約3分の1の箇所が当たるようにのせます。親指は上から軽く押さえ、人差し指は軽く添えます。

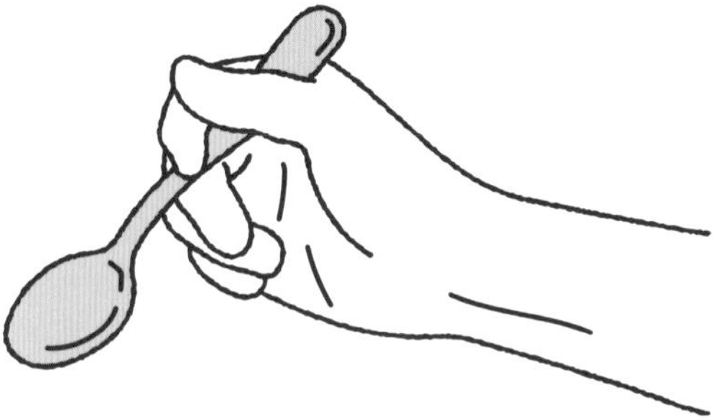

## スプーンを使ったスープの食べ方

飲み物やデザートを除けば、スプーンを使うのは、主にスープを食べるとき。「イギリス式」ではお皿の手前から奥へとスプーンを動かし、「フランス式」ではスプーンを奥から手前へと動かします。

どちらも正式な食べ方ですから、慣れている食べ方で問題ありません。ただし、会食の場では、周囲の人の食べ方に合わせるのがマナーです。イギリス式が多ければイギリス式、フランス式が多ければフランス式と、型を合わせると安心です。

## スプーンの形状で、口への運び方が異なる

丸いスープスプーンであれば、スプーンの横に口を当てて、音を立てずにスープを食べます。先のとがったスプーンであれば、スプーンの細くなっている先端を口に当てて、スープを流し入れます。

いずれも大きな口を開けたり、スプーンをまるごと口の中に入れないこと。また、ズルズルとすすったり、音を立てて食べることは、大変恥ずかしい行為ですから、気をつけてください。あなたはよくても、周囲の人を不快にさせ、同伴者に恥をかかせることになります。

## スープが減って食べづらくなったら……

スープの量が少なくなって、うまくすくえなくなったら、お皿の左手前を軽く持ち上げます。スープをお皿の奥に集めることで、すくいやすくするわけです。

お皿の手前側を持ち上げると、底を相手に見せずに済みます。お皿の底を見せないという相手への配慮からなる所作なのです。

## カトラリーのタブー

**❶ カトラリーで相手を指す**
**❷ カトラリーを相手に向けながら話す**
**❸ 食事の最中や食事終了時、相手に刃を向けてナイフを置く**
**❹ ナイフに料理を刺して食べる**
**❺ カトラリーに付いたソースをなめる**

## カトラリーを使った中座と食事終了のサイン

食事の途中で中座したのか、完全に食べ終わったのかは、フォークとナイフの置き方で周囲に伝えられます。

このナイフとフォークの置き方は、「イギリス式」「フランス式」「アメリカ式」が主流となっています。

3つとも正しい型なので、マナー違反になることはないのですが、会食ではほかの出席者に合わせることをおすすめします。多くの人が実践している型か、最上位の人の型に合わせるわけですね。あなたが最上位であれば、自分の慣れた型を選べば大丈夫です。

### イギリス式

#### 食事途中のサイン

ナイフの上にフォークを交差させて、お皿の中央に置きます。ナイフの刃を内向き、フォークの背を上向き。

#### 食事終了のサイン

お皿に対して時計の6時の位置で、縦にまっすぐに並べて置きます。ナイフの刃を内向き、その左にフォークの背を下向き。

## フランス式

### 食事途中のサイン

ナイフとフォークを「八の字」になるように、お皿の中央に置きます。ナイフの刃を内向き、フォークの背を上向き。

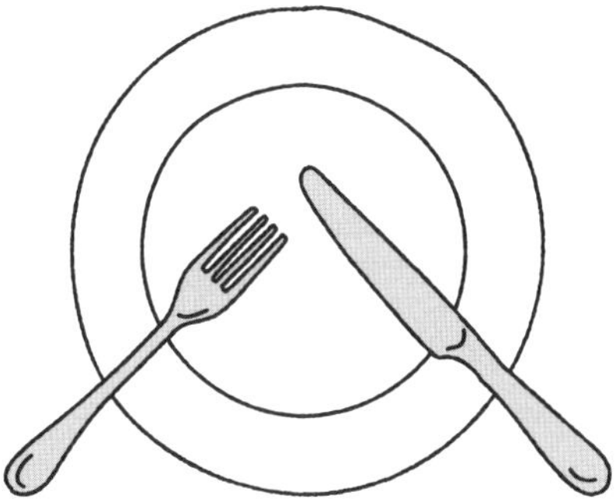

### 食事終了のサイン

お皿の上に時計の4時か3時の位置で、並べて置きます。ナイフの刃を内向き、その左にフォークの背を下向き。

## アメリカ式

### 食事途中のサイン

ナイフとフォーク、それぞれの先端をお皿にかけて「八の字」に置きます。ナイフの刃を内向き、フォークの背を上向き（持ち手はテーブルの上）。

### 食事終了のサイン

お皿の上に時計の3時の位置で、並べて置きます。ナイフの刃は内向き、その手前にフォークの背を下向き。

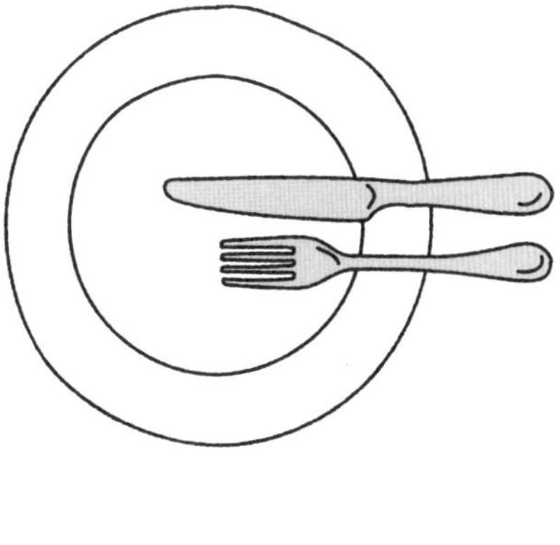

# 和食における
# 箸使いの基本

**POINT 1**
**箸は両手で上げ下げするもの**

**POINT 2**
**お椀を持つときも両手を使う**

**POINT 3**
**箸使いのNGを頭に入れておく**

お箸で食べることに慣れ親しんできた私たち。だからこそ、それが我流であったり、正式な和食のマナーを知らなかったりすることも多いのではないでしょうか。

ユネスコ無形文化遺産にも登録された和食。しかし、外国人の方のほうが、お箸の持ち方や和食の食べ方を学んでいて、その所作ができている現状もあります。

50歳を過ぎているベテランのあなたの食べ方は、常に周囲に見られています。これを機に、あらためてお箸や和食の食べ方を確認してみましょう。

## お箸は片手ではなく両手で上げ下げする

和食には「両手を使用して食べる」という基本原則があります。箸を持ち上げる場合も、両手を使うことに注意してください。

以下は右利きの場合のお箸の持ち方です。左利きの方は、左右を入れ替えて読んでください。

### お箸の持ち方（右利きの場合）

#### お箸の正しい持ち上げ方

❶

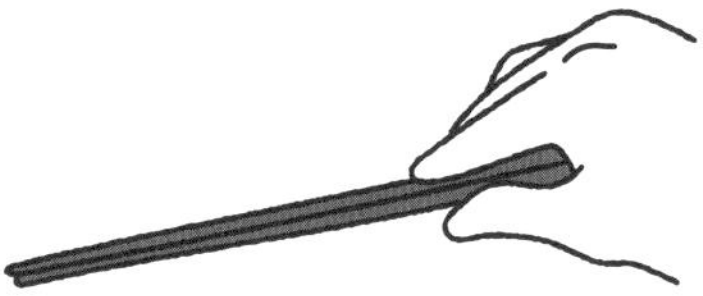

右手の中指と人差し指と親指で、中央から少し右寄りのところを、上から持つ。

❷

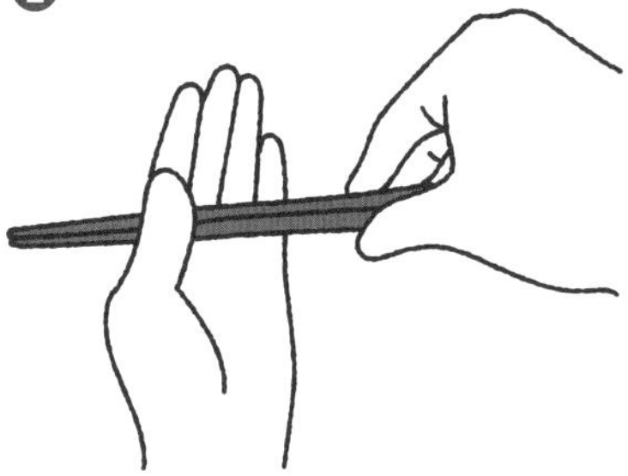

少し持ち上げたら、指先を揃えた左手を、下からお箸の中央辺りに添える。

❸

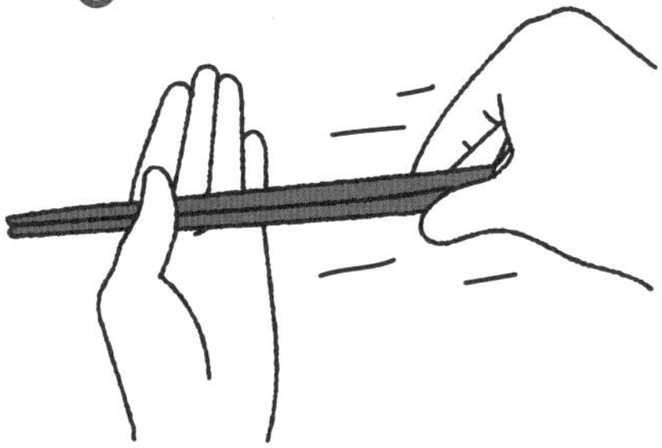

先端とは逆方向にすべらせるように、右手をゆっくりと動かす。

❹

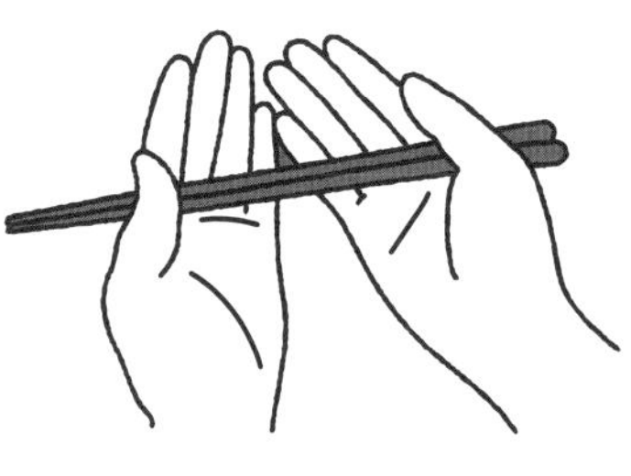

右手がお箸の端まで来たら、下から潜り込ませてお箸を持つ。すべるような動きで。

## お箸の正しい持ち方

❶

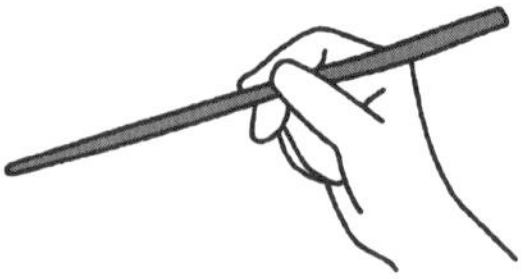

親指、人差し指と中指の第一関節で、上のお箸を軽く挟む。

❷

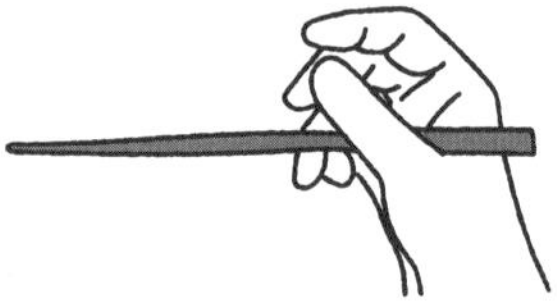

親指のつけ根と薬指の第一関節辺りで、下のお箸を支える。

❸

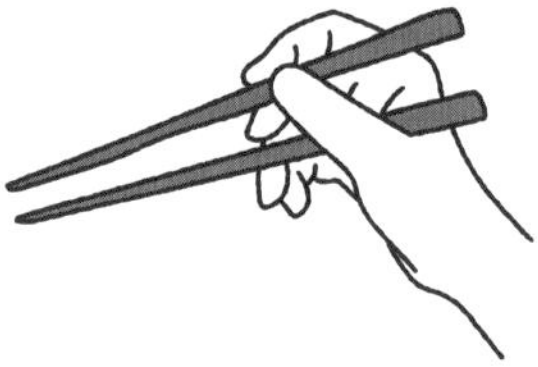

食事中は下のお箸を動かさず、上のお箸だけを動かして料理を挟む。

## お箸の正しい下ろし方

❶

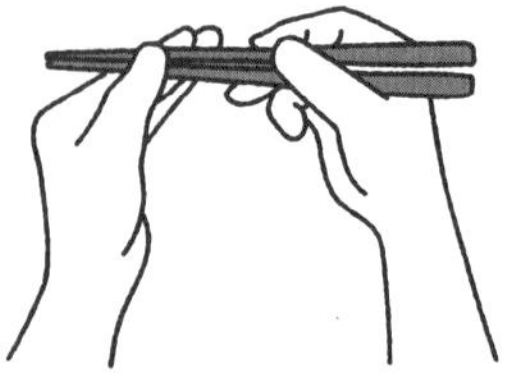

右手でお箸を持っている状態から、お箸の下中央辺りを下から左手で支える。

❷

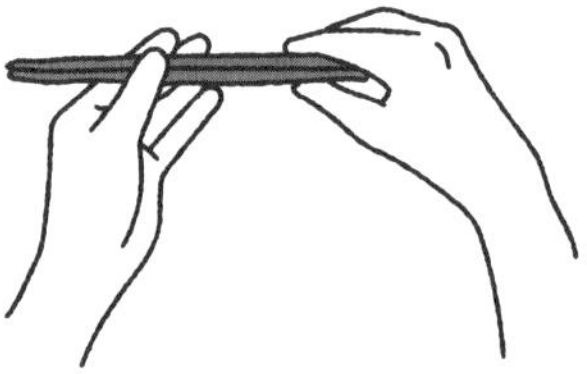

右手をお箸の先端とは逆方向の端にすべらせ、上から持ち、右手を中央に向かって滑らせる。

❸

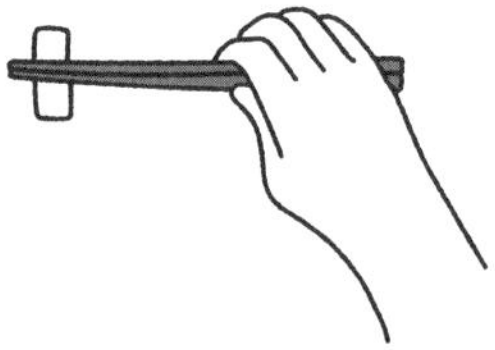

お箸の中央部分を、右手で上から持ち、静かに箸置きに置く。

❹

箸置きには、口に触れた部分を付けないため、2センチほど箸先がはみ出すように置く。

❺

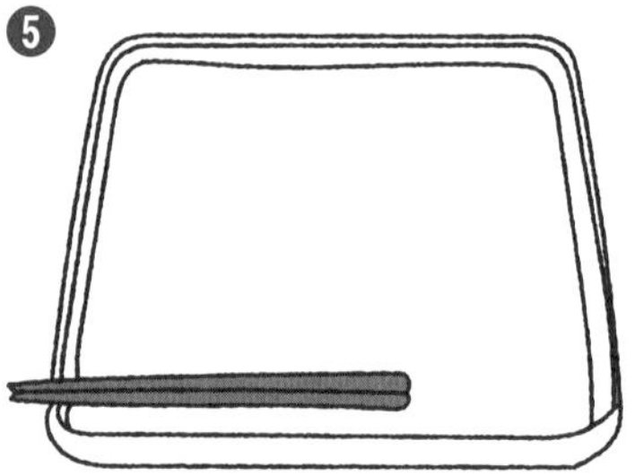

箸置きがない茶懐石料理では、折《お》敷《しき》（食器をのせたお盆）の左端に箸先をかける。

## お椀の持ち方（右利きの場合）

❶

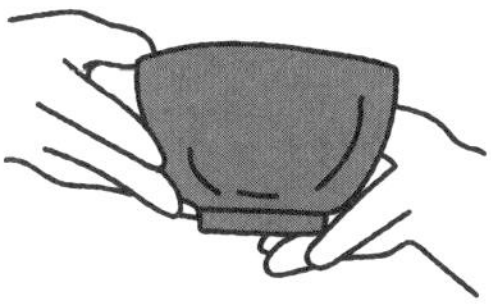

両手でお椀を丁寧に持ち上げる。

❷

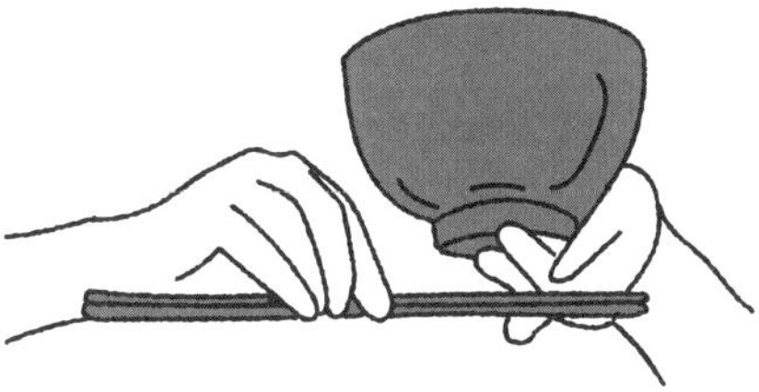

お椀を左手に持ったまま、右手で置いてあるお箸を上から持ち上げる。つかむのは、お箸の中央よりやや右側。そして、お椀を持っている手の中指と薬指に、お箸の中央あたりを挟んで下から支える。

❸

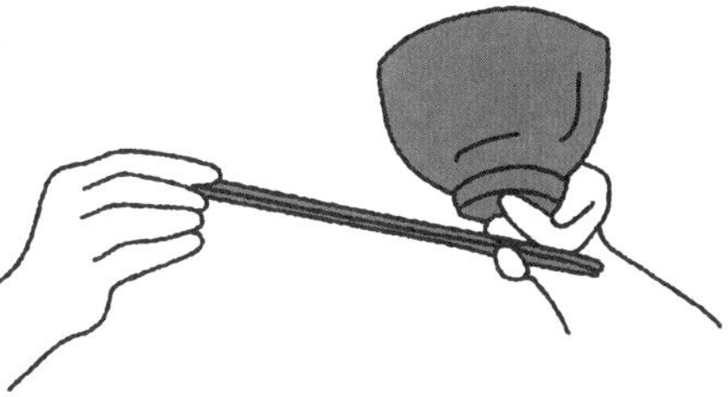

上からお箸をつかんでいる右手を、先端とは逆方向にすべらせる。右手がお箸の端まで来たら、下から潜り込ませてお箸を持つ。そのままお椀の中身をいただく。

❹

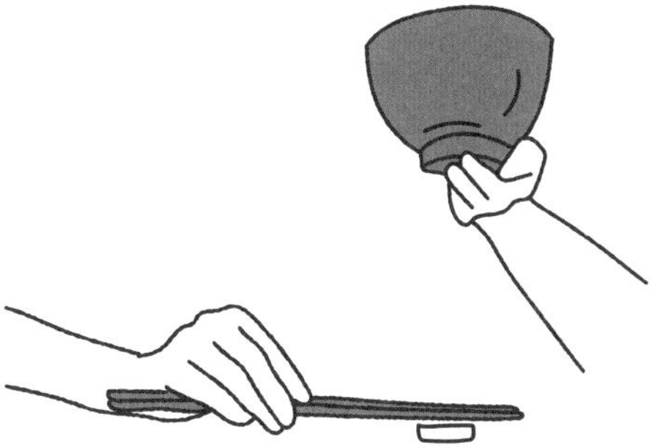

お椀を置くときは、お椀を持った左手の中指と薬指で、お箸の中央あたりを挟んで支える。お箸を持っている右手を、先端とは逆方向にすべらせる。右手がお箸の端まで来たら、上から持ち直して、お箸を先に下ろす。

❺

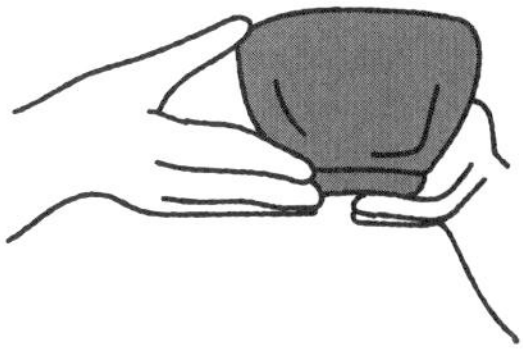

両手で丁寧にお椀を持って、テーブルに置く。

## 箸使いのタブー、細かくわかりますか?

箸使いには多くのタブーがありますが、日常の食事では見過ごされる場面がほとんどです。そのため「名前は聞いたことがあるし、なんとなくイメージできるが、詳しいことまではわからない」といった箸使いが多くあることでしょう。

ビジネスシーンにおける会食でも、つい普段のくせが出てしまいがち。ベテランとして恥をかかないよう、お箸のタブーもしっかりと身に付けておきましょう。

**迷い箸**
料理の上でお箸をうろうろと動かす。

**移り箸**
一度取った料理を器へ戻して、他の器の料理を取る。

**空箸**
料理にお箸を付けておきながら、取らずにお箸を置く。

**ねぶり箸**
料理を取らずにお箸を口へ運ぶ。

**持ち箸**
お箸を持った手で別の食器を持つ。

**渡し箸**
お箸を茶碗や器の上にのせて置く。

**探り箸**
お箸を使って汁物などの中を探る。

**掻き箸**
器に口をつけて、お箸で掻き込む。

**もぎ箸**
お箸に残った料理を口でもぎ取る。

**洗い箸**
汁物などでお箸を洗う。

**こじ箸**
お箸を使って、料理の中を探る。

**指し箸**
お箸を使って、人やものを指す。

**揃え箸**
口や器を使って箸先を揃える。

**涙箸**
お箸の先から汁を垂らす。

**振り箸**
箸の先についた汁などを振って落とす。

**拝み箸**
両手でお箸を挟み、拝むようにする。

# 高級料亭での和食のマナー

**POINT 1**
和食の会食は会席料理が本流

**POINT 2**
お造りは左手前から食べ始める

**POINT 3**
刺身は一口で。手皿は避ける

和食には「会席料理」と「懐石料理」があります。両者がどのように違うのか、あなたは説明できますか？

両者の違いを知り、それぞれにふさわしい食べ方ができれば、どのような場所でも自信を持って、堂々と振る舞うことができるでしょう。

また、お子様やお孫さん、部下などにも教養の1つとして伝えることで、コミュニケーションを図るきっかけにもなります。さらには、外国人に伝えて差し上げることでも、喜ばれます。

# 和食の本流とも言える会席料理

## 本来「会席料理」と「懐石料理」は違うもの

日本食の中でも「会席料理」は、正式な日本料理の「本膳料理」を簡略化したものです。現在の会食における和食は、会席料理が出てくるケースがほとんどです。

一方、「懐石料理」はお茶会の流れの中で出される、一汁三菜を基本とした料理のことです。それぞれのルーツを反映するように、「懐石料理は最初に汁物とご飯」「会席料理は最後に汁物とご飯」といった違いがあります。これらの違いを知った上で、実際の会食での食べ方をマスターしておきましょう。

ここでは、会席料理のマナーについて、細かく解説していきます。

## 会席料理の基本的な流れ

**①先付け** ―― 料理のはじめに出される前菜。
「つきだし」「お通し」などとも呼ばれる。

**②椀物（吸い物）** ―― ほぼ透明な、すまし仕立ての料理。
会席料理では、
この椀物がメイン料理となる。

**③お造り（向《むこう》付《づ》け）** ―― 2～4種類のお刺身の盛り合わせ。
「舟盛り」で供されることもある。

**④煮物（炊き合わせ）** ―― 野菜や魚介などの煮物を盛り合わせたもの。
だしの染み込んだ具材を味わう料理。

**⑤焼き物** ―― 季節の魚介や野菜、肉などを焼いたもの。

**⑥揚げ物** ―― 季節の魚介や肉、野菜などを揚げたもの。

**⑦蒸し物** ―― かぶら蒸しや茶碗蒸しなど、
熱々のあっさりした料理。

⑧**酢の物** —— 海草や野菜などの酢の物、和え物。

⑨**止め椀とごはんと香の物** —— みそ汁などの汁物（止め椀）と、ごはん、漬物のセット。会席料理の最後の料理。お酒類は、止め椀が出てくる前に終わらせておくのがマナー。

⑩**水菓子** —— 果物やシャーベットなど。

⑪**菓子・お茶** —— 練り切りなどの和菓子。ほうじ茶や煎茶や抹茶などのお茶と一緒に供される。

## 美味しく新鮮なうちに食べたい魚料理



会席料理ではお刺身や焼き魚など、魚料理が数多く出てきます。これらを見事な箸使いでキレイに食べると、周囲の見方も変わってくるでしょう。

### お造りの基本的な食べ方

会席料理における一人前のお造りは、立体的に盛り付けられることが多くあります。そこで、左手前のお刺身から、時計回りに食べていくと、盛り付けを崩さずに、美しく食べていけるといわれています。

料理人にもよりますが、左手前に淡白な魚を盛り付けて、時計回りに濃い味の魚を盛り付けることが一般的です。こうすることで淡白なお刺身からスタートし、徐々に濃厚な味わいを楽しめるからです。

ただし、料理人の考え方によっては、「淡白、濃い、淡白」と交互に盛り付けたり、これらの順にこだわることなく、美意識の感覚で盛り付ける場合もあります。いずれにしても「刺身は左手前から時計回りに食べる」と覚えておけば、恥ずかしい思いはしません。

### 舟盛りの基本的な食べ方

複数人でいただく舟盛りの場合、主賓である招待された側から先に取ります。もちろん、地位の高い人や年長者からという順番です。お造りと同様、左手前にある淡白なものから、お味の濃いものに移動していくのが基本的な流れです。

自分の分を取るときは、取り箸を使って、自分のお皿に2〜3種類の刺身を置きます。盛り付けを壊さないように、丁寧に取り分けましょう。

取り箸が用意されておらず、自分の箸で直接取るときは、隣のお刺身に触れないように。

## お刺身を食べるときに注意すること

### 噛み切ったお刺身をお皿に置かない!

お刺身は可能な限り、一口で食べきることをおすすめします。大きなお刺身の場合は、途中で噛み切るしかありません。この場合は、噛み切ったお刺身をお皿に戻さないように。噛み切ったお刺身は、そのままお箸で持ち続けます。そして、一口目を食べ終えたら、すぐに二口目としてそれを口に入れ食べます。

### 「手皿」は上品どころかマナー違反!

お刺身を口に運ぶときは、醤油が垂れないように「手皿」をしたくなります。しかし、これは明らかなマナー違反。人前で手皿をしてしまったら、マナーが身に付いていない人だと思われてマイナス点になってしまいます。

お醤油が垂れるのが不安なら、その醤油が入っている小皿ごと持ち上げましょう。これなら垂れてしまっても、小皿で受け止めることができます。

茶道などで使う「懐紙」が手元にあれば、それを小皿代わりに使ってもいいでしょう。懐紙を常備携帯している人は、男女ともに奥ゆかしさを感じさせて、素敵です。

### 醤油が入っている小皿にわさびを混ぜない!

わさびのからみ成分は揮発性。お醤油と混ぜると水分に溶け込んでしまい、風味が損なわれてしまいます。特に高級料亭などで出てくる本わさびを、お醤油で溶かすのは残念なことです。わさびはお醤油で溶かずに、お刺身に適量を直接付けて食べることをおすすめします。それをお醤油に付けるときも、わさびには触れない配慮を。

## 冷たいうちに食べきる!

料理を食べるときは、それを作ってくださった人の気持ちに寄り添うことが本来のマナー。料理人は一番美味しい状態で食べてもらうため、料理を出すタイミングや盛り方にも工夫をしているのです。そうした作り手の気持ちに、配慮することがマナーです。

お刺身を食べるときも、一番美味しい新鮮で冷たいうちにいただきましょう。時間が経てば温度が上がってしまいますし、水分と一緒に旨味も失われてしまいます。

## 焼き魚の食べ方(右利きの場合)

会席料理では、尾頭付きの焼き魚が供されることもあります。焼き魚の頭や骨を綺麗に外し、美しく食べる食べ方も習得しておきましょう。

ここでも懐紙は活躍してくれます。懐紙があれば、手を汚さずに済みますし、美しくスマートに見えます。

焼き魚も、一般的には、お頭を左に位置させ、左側から右側へと食べ進めるのが基本です。

**①左手に懐紙を持ち、右手に箸を持つ。**

**②左手の懐紙で頭を押さえ、尾ひれ以外の外せるひれ(背びれなど)を箸で取る。取ったひれは、お皿の左上にまとめる。**

**③最初に手を付けるのは上身の上半分(中骨より奥側)。頭に近い左側の身から箸で一口大に取り、右側に向かって食べていく。**

**④上半分が食べ終わったら、上身の下半分(中骨より手前側)を左側から右側に食べていく。**

**⑤上身の下半分も食べ終わったら、懐紙を持っている左手でお頭を軽く持ち上げ、右手に持っているお箸で、中骨と下身を尾ひれに向かって剥がす。**

**⑥そのまま中骨がついているお頭と尾ひれを持ち上げ、お皿の奥へ置く。中骨は尾ひれからお頭に向かって折り曲げる。先に取ったひれなどと一緒に左上にまとめる。**

**⑦下身を左側から右側に向かって食べていく。**

※左上にまとめた中骨などの上に、懐紙をのせると、ひれや中骨などが隠れて美しく食べ終えることができる。

# お寿司・天ぷら・串物の食べ方

**POINT 1**
お寿司は素手で
食べても大丈夫

**POINT 2**
天ぷらの塩か
天つゆかは好みで

**POINT 3**
串物はそのまま
食べるのが基本

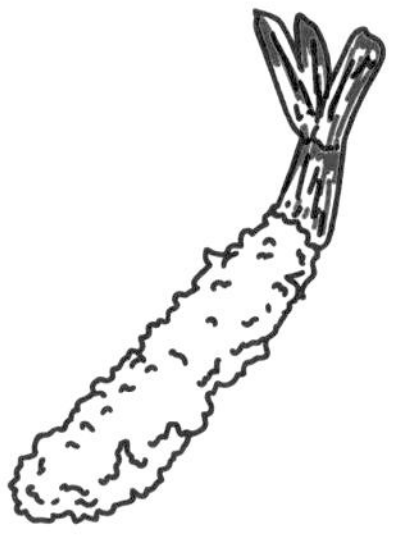

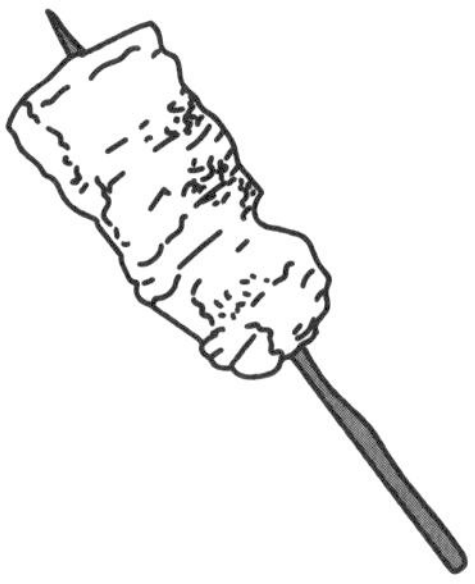

家族や同僚と一緒だと気軽に食べられる、お寿司や天ぷらや串物。ところが、いざビジネスシーンで取引先と食べるとなると、正しい食べ方を知らなかったゆえに、恥ずかしい思いをすることもあります。

子どもの結婚相手のご家族との会食などでも、同じような場面があるかもしれません。お相手がマナーを重視するご家族なら、こちらの食べ方もチェックされています。自分だけならまだしも、子どもに恥をかかせる事態は避けたいものです。

## お寿司はお箸でも、素手でもOK

お寿司は、手で食べるのか、お箸で食べるのか迷うことでしょう。

結論から言えば、その型はどちらでも構いません。しかし、会食シーンでは「相手に合わせる」というマナーの真髄がとても大切です。周囲の方が手で食べていれば手で、お箸で食べていればお箸でといった具合に、食べ方を使い分けましょう。

どうしても一口で食べきることが難しいときは、途中で噛み切ってしまうのも仕方ありません。ただし、噛み切ったままのお寿司はお皿に戻さず、そのまま持ち続けるのがマナーです。一口目を呑み込んだら、すぐに残りを口に入れましょう。

### お寿司をお箸で食べるとき

お寿司の両脇をお箸で挟んで持ち、少し斜めにして、ネタの先端に醤油を付けて食べます。醤油が垂れないように、小皿か懐紙を下に添えて、できるだけ一口で食べます。

### お寿司を手で食べるとき

利き手の親指と中指で、お寿司の両脇を持ちます。そして人差し指を上に添えて、ネタの先端に少しだけ醤油を付けてから食べます。シャリ（ご飯）を醤油に付けないように注意してください。ポロポロとシャリが崩れ落ちる可能性があります。

もちろん手は清潔にしておきましょう。

## 天ぷらは「見た目」も美しく食べること

### 天ぷらはどこから食べる?

天ぷらが複数盛られている場合、一番上か左手前から食べていきます。盛り付けを崩さないことがポイントです。取りやすいほうから食べていきましょう。

## 天つゆを付けるのは、全体の3分の1程度

天つゆで食べるときは、つゆが垂れないように、天つゆ入りの器を持ち上げて構いません。違和感のある人は、懐紙を受け皿代わりに添え持ちます。つゆを付ける量は、食材の3分の1程度と心得てください。付けすぎてしまうと、衣が水分を吸って風味が失われるからです。料理人は揚げたての一番美味しい状態で、天ぷらを食べて欲しいと思っています。その気持ちに寄り添っていただきましょう。

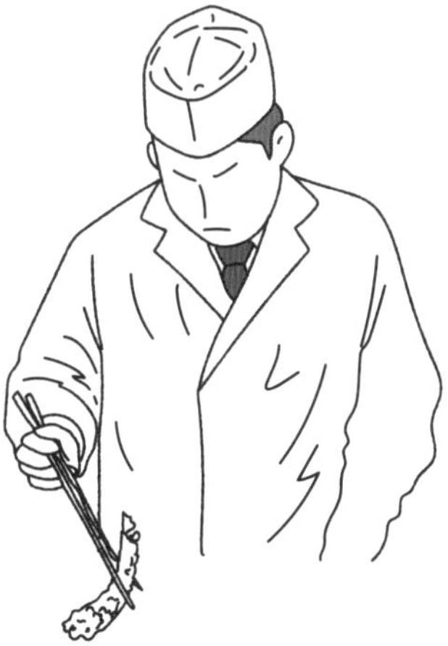

## お塩で食べるときも、受け皿があると安心

お塩で食べる場合は、必要な分量の塩を指でつまみ、小皿の左側に置きます。天ぷらに適量を付けて食べます。

一方、この食べ方だと、小皿に置いたお塩がしめってしまい気になる方は、適量を取り、天ぷらに直接ふりかけても構いません。どちらであっても、ころもが落ちることを避けるために、受け皿となる小皿や懐紙を添えて食べると安心です。

## 天ぷらだから許される「しのび食い」

天ぷらも、お寿司と同様に、できれば一口で食べられると良いです。しかし、それが難しい大きめの天ぷらはお箸で一口大に切り食べていきます。

ところが、レンコンなどの固い食材だと、お箸でうまく切れない場合があります。その場合は、直接口に運ぶしかありませんね。一口で食べきれないときは、お寿司などと同様に、噛み切ったあとは、お皿に戻さずそのままお箸で持ち続けます。一口目を食べ終えたら、二口目を食べます。

しかし、油で揚げた天ぷらを連続で食べ続けることが難しいときもあるかもしれません。そのときには、「しのび食い」という作法を使えば、噛み切ったあとに、一度、お皿に戻してもよいとされています。

「しのび食い」とは、噛み切った断面の出っ張った部分を、小さく噛み切ることによって、歯形の凸凹を小さくするというテクニックです。小刻みに噛むことで断面がキレイになれば、お皿に戻してもよいとされているわけです。

## 口と手が汚れやすい「串物」が出てきたら

### かしこまった会食でも、串を持って大丈夫?

串物はその名の通り、串を持って食べることが前提です。しかし、串を持って食べるという行為に、抵抗を覚える人も少なくないでしょう。特に女性はその傾向が強いと思われます。串物は奥に刺さった食材ほど食べづらく、手や口が汚れやすいものですからね。

男性であっても、「会食のようなかしこまった場でも、串を持って食べていいの?」と、不安を覚える人もいるかもしれませんが問題ありません。

### 汚れが気になるときは、懐紙や紙ナプキンを

このように串物は、会食の場で手に持って食べても、まったく問題はありません。

特に前菜などで供される串物は、小さく食べやすく作られています。手や口をほとんど汚さずに、食べきることができるでしょう。

焼き鳥も、料理人は串に刺さった状態を前提に調理しています。やはり手に持って食べていい食べものです。

手が汚れることが不安なら、あらかじめ懐紙を用意しておいて、串の手元を包めば汚れません。お店に紙ナプキンがあれば、それを使用してもいいでしょう。しかし、一般的に、串物は串に刺していることで手を汚さないで食べられるように作られていますから、あまり神経質にならず、食事を楽しむこともマナーです。

### 串から外してもいいが、シェアするのはNG

女性は、「串に刺さったまま食べる姿を見られることが恥ずかしい」と思う方が多くいらっしゃいます。そうであれば、先に串から外して食べても構いません。会食で人目が気になるのは自然なこと。運ばれてきて温かいうちにお箸を使って外せば、スムーズに取り外せます。冷めると外しにくくなりますから要注意です。

串から外した後は、先端の具から食べることを忘れずに。串物は先端から奥に向かって、味付けを薄くなるように、あるいは濃くなるように、それぞれの料理人の考えに応じて作られていることがほとんど。串に刺さった状態と同じ順番で食べるのも、料理人への配慮となります。

また、外した具を同席者とシェアするのは、感染症対策などの観点からも、控えます。どうしても一品をシェアしたいときには、お店の人にあらかじめ、個別のお皿にシェアしてもってきてもらえばスマートです。

# お酒のマナー／タバコのマナー

**POINT 1**
お酒は大人らしく
楽しく飲む

**POINT 2**
グラスによって
持ち方は変わる

**POINT 3**
会食の場では
タバコを控える

50代以降のベテランの私たち。「不本意な思いや経験をしながらも、ここまで頑張ってきたのだから、嗜好品くらいは好きにさせて欲しいよね」という気持ちもわかります。

ところがビジネスのシーンとなると、ベテランであってもそうはいきません。それがビジネスとプライベートの差ですね。

嗜好品にもマナーがあることに驚かれるかもしれませんが、あなたがより評価され、取引先から敬服される人であり続けるために、アルコールとタバコのマナーを再確認してみましょう。

## お酒を楽しく飲むための3つのルール

大人としてお酒を飲むとき、気をつけることは3つ。「①ネガティブな話をしない」「②適量を守る」「③料理に合ったお酒を選ぶ」です。

### ①ネガティブな話をしない

愚痴や悪口や批評といったネガティブな話を聞いていると、せっかくのお酒も美味しいとは感じられなくなります。

お酒を美味しく飲めない環境は、同席している人たちはもとより、お酒そのものに対しても失礼なこと。お酒にも感謝の気持ちを持って、美味しくありがたくいただきましょう。



### ②適量を守る

自身のアルコール摂取量の範囲を知り、そのラインを越えないようにするのも大人のマナー。周囲の皆さんと心地よく飲める量にとどめてくださいね。

お酒で醜態をさらしてしまったら、周囲に迷惑をかけるにとどまらず、人としての品性まで疑われてしまいます。いきすぎると器物損壊などの事件にも発展しかねません。また何よりも、あなたの身体にとってよくありません。50代からはより健康に留意しましょう。

### ③料理に合ったお酒を選ぶ

お酒は料理を引き立ててくれるベストパートナー。メニューに合ったお酒を選べる人は、一目おかれる存在となり格好いいですね。

乾杯のお酒や食前酒は、ある程度、定番が決まっています。しかし、その後はメニューに応じて、その食材との相性などを考えながらお酒を選ぶと素敵です。

### 赤ワインは魚料理でも美味しく飲める？

一般的に肉料理には赤ワインが、魚料理には白ワインが合うといわれています。しかし、実際には肉でも魚でも、赤身には赤ワインの相性がよく、白身には白ワインの相性がよいのです。赤身肉とは牛肉、鹿肉、羊肉など。赤身の魚の代表格はマグロです。

ソムリエで高級フランス料理店のオーナーの中村雅人さんによると、「赤ワインに含まれる『タンニン』という成分が、コラーゲンを含んだ赤身の脂肪分を包み込んでくれます。このため両者を組み合わせると、とてもバランスがよくなります」とのこと。

一方、お肉にも鶏肉などの白身肉があり、魚ならヒラメやスズキが白身となります。これらは赤身より脂肪分が少ないため、赤ワインと組み合わせてしまうと、ワインが目立ちすぎてしまいます。そこで白身の料理には白ワインを選ぶと良い、ともいわれています。このような理由から、ワインを選ぶのも素敵ですね。こうでなければならないという決まりごとではないのが、真のマナーなのです。

お酒は健康バランスにも関連し、料理を引き立ててくれる優れもの。やけ酒などのネガティブな飲み方は、大人の飲み方とはいえません。お酒を飲むときもスマートに、料理全体との調和を楽しみながらたしなめると素敵です。

## お酒ごとのグラスの持ち方（右利きの場合）

お酒は楽しく飲むことが第一ですが、お酒ごとのグラスの持ち方くらいは、頭に入れておくといいでしょう。特に人に注いでもらうときは、マナーに沿った対応を心がけたいものです。

### ビール

ビールでグラスの持ち方を意識するのは、人から注いでもらうときや、実際に飲んでいるとき。

同席者が注いでくれるそぶりを見せたら、まずはグラスを両手で持ち上げます。利き手でグラスの下のほうを持ち、もう一方の手の指先をグラスの底に軽く添える感じです。片手で飲んでいても、お酌されるときは両手で注いでもらうと注ぎ手に対する配慮を感じさせます。

そして上体を5度ほど前傾させて、注いでくれた人にお礼を言います。対等な関係や目下の人には「ありがとうございます」や「ありがとう」と。目上の人には「恐れ入ります」と伝えましょう。注いでもらったら、お返しに注ぎ返すことをうかがうと、気の利いた人だと思われます。

## 日本酒

おちょこのような小さな杯の場合、利き手の親指と人差し指で挟むようにして、上側をつまむように持つのが基本の持ち方。

男性の場合、利き手の中指は杯の下側に、薬指と小指は杯の底に当てます。これで安定するのであれば、片手だけで持っていても構いません。

人から注いでもらうときは、ビールのときと同じように、利き手ではないもう一方の手の指先をおちょこの底に添えると丁寧な印象になります。上体を5度ほど前傾させ、関係に応じたお礼を言うのは、ビールを注いでもらうときと同様です。

女性が杯を使うときは、両手で持ったほうが美しい印象になります。利き手ではないほうの手は指先を綺麗に揃え、杯の底に軽く添え支え持ちます。利き手の中指は杯の側面に、薬指と小指は男性同様に底にあてるとツウな人の持ち方となります。

## ワイン

ワイングラスの持ち方には基本があります。親指と人差し指と中指の3本で、グラスのステム（脚）を持ちます。薬指と小指には力を入れず軽く添える程度です。

ワイングラスの本体で、ワインを注ぐボウル（ボディ）の部分は作りがとても繊細です。持つときに少し力を加えるだけで、破損する危険があるほど。またボディに指紋がベタベタとつくと、見栄えも悪くなってしまいますので、この部分には手をつけないほうが無難です。

ボディを持つことで、手の体温からワインの温度に影響します。ワインは温度によって味が変わるため、美味しく飲むためには、温度に敏感にならざるを得ません。スパークリングワインや白ワインは、冷やして飲むことがほとんどですから、ボディを持つことはまずありません。赤ワインは、温度の観点からはボディ部分を持っても良いとされています。しかし、前述の理由から、ステムを持つことをおすすめします。

ちなみに、ワインを注いでもらうときには、グラスは持ち上げません。テーブルに置いたまま注いでもらうのがマナー。ソムリエの方などに注いでもらったら「ありがとうございます」と御礼を伝えることは、ジェントル、相手に対する優しさのひとつですから、お忘れなく。

## ブランデー 

ブランデーグラスはボディを持つのが基本。手のひらで下から包み込むように持ち上げます。こうすることで手の熱で、ボディに注がれたブランデーを温めて、よりよい香りを立ち上らせることができます。

ワイングラスは体温を伝えないためにステムを持ちましたが、ブランデーグラスは体温を伝えるためにボディを持ちます。

## ウイスキー 

ウイスキーには、さまざまな飲み方があります。最近の飲み方の主流は、薄めずに飲む「ストレート」、氷を入れる「オンザロック」、氷と水を注ぐ「水割り」、氷やソーダを注ぐ「ハイボール」です。飲み方によりグラスのサイズも変わってきます。

薄めの水割りやハイボールの場合、気を利かせた同席者が、作ってくれることもあるでしょう。そうしたときは「ありがとうございます」と言ってグラスを受け取りましょう。

# レストランでワイン選びに迷ったときは……

洋食では食中酒（食事を食べながら飲むお酒）としてワインを選ぶことが多いですが、このほかに食前酒もオーダーするのが一般的。主賓として招待されたときなどでも、最低2種類のお酒を選ぶことになります。

ワインなどのアルコール選びは、わからない場合は遠慮せずに、ソムリエやスタッフに相談しましょう。「こちらの食事にはどのワインが合いますか?」とたずねれば、適した品を選んでくれます。

もちろん、自分の好みで選んでもかまいません。一般的に「肉には赤、魚には白」といわれていますが、それに固執しなくてもいいことは、前述の通りです。

## 同席者を不快にさせないお酒の断り方

ときにはお酒を断らなければいけない場面もあります。その場合もスマートで、丁重な断り方を知っておくと役立ちます。

すすめられたお酒を断る理由は、「これ以上は飲めない場合」と、「体調のせいで飲めない場合」が考えられます。それぞれ断り方も変わってきます。

### 適量を超えそうな場合

もう充分お酒をいただいて、限界が近づいていると感じた場合。このような状況でお酌をされそうになったら、グラスの上に手のひらをかざします。そうすることで「もう十分にいただきましたので、注がなくて結構です」という意味になります。

そして微笑みながら柔らかい口調で、「ありがとうございます。もう充分ちょうだいいたしました」と言います。このような言葉としぐさであれば、お断りをしても波風はたちません。

### 体調のせいで飲めない場合

その日の体調がすぐれないときは、「ありがとうございます。ただ、申し訳ございません。残念ながら体調の都合で控えなければならない状況でして……」といった断り方がスマートでしょう。

もともとお酒が苦手な人は、「ありがとうございます。ただ、申し訳ないことに、お酒はたしなみませんので……」と正直に伝えても問題ありません。

一方で、もし体調が許すようであれば、「それでは、ほんの少しいただきます」と伝えられるといいですね。口を付けるだけでも、コミュニケーションになります。もちろん、アルコールの匂いだけで気分が悪くなる人もいますから、くれぐれも無理をしないで、体調、健康第一に、自身を大切にお守りくださいね。

## 会食におけるタバコのマナー

### すでにタバコ自体が、人前で煙たがられるもの

タバコは副流煙の匂いや、主流煙ともに、人体への被害などの理由から敬遠する人が増えています。また、タバコを吸う動作に不快感を覚える人も少なくありません。喫煙者は「人前でタバコを吸うことは、周囲に迷惑をかける」といった認識を持つことが大切です。

禁煙を徹底している飲食店も少なくありません。東京都では2020年4月から、「東京都受動喫煙防止条例」が施行され、従業員を雇用している店舗では原則的に禁煙となります。

### 喫煙OKの店でも、会食中はタバコを控える

会食における喫煙も、基本的に控えるのがマナー。煙の匂いなどが影響し、同席者やほかのお客様が美味しく食べられなくなるからです。

たとえ喫煙OKの店でも、周囲にどのような人がいるかわかりません。タバコの煙が苦手でたまらない人や、ぜんそくの人や妊婦などもいるかもしれません。そうした人たちのことも考慮し、喫煙場所を考慮するのが大人です。

自分がこうしたい、自分さえよければというのは、典型的な自分ファーストの思考。マナーとは正反対にある考え方です。

常に相手ファーストの気持ちを見失うことなく、素敵な大人として行動したいものですね。タバコをたしなみたければ、喫煙スペースや、自宅でも同居者に迷惑のかからない場所にしましょう。

# 手土産のマナー／御礼状のマナー

**POINT 1**
**手土産は大きすぎず重たすぎないものを選ぶ**

**POINT 2**
**「一筆箋」で気持ちを添える**

**POINT 3**
**御礼状には会食の思い出話も**

接待や会食に招かれることに慣れてしまうと、別れ際に口頭でお礼を伝えただけで、役目を果たしたと勘違いしがちです。

もちろん、口頭でお礼を伝えることは大切です。しかし、年齢を重ねたベテランだからこそ、感謝の気持ちを言葉や態度だけでなく、目に見える品物などでも伝えたいもの。感謝の気持ちをより鮮明に伝えられます。

感謝の気持ちを形でも表せるのが手土産や御礼状。具体的にどのような方法があるのか、見ていきましょう。

## 手土産は「別れ際」に「個包装」のものを

### 「相手の荷物にならない」が最優先

会食に招待された側は手ぶらでもいいのですが、一方的にもてなされることに申し訳なさを感じるのであれば、御礼としての「手土産」を準備しておくといいでしょう。

手土産を渡すタイミングは帰り際。会食中に相手の荷物にならないようにする配慮からです。「このたびはお招きくださり、誠にありがとうございました」と感謝の気持ちを伝えながらお渡ししましょう。

### 重たすぎない「個包装されたお菓子」がベスト

いくら心が込もった手土産でも、重量があったり、大きすぎる手土産は、持ち帰る際にかえって迷惑になる可能性があります。相手が、車やタクシーであればまだ良いのですが、電車などの場合は、「持ち帰るのに負担のかからない大きさと重量」を念頭に選びましょう。

会社関係者の場合は、翌日、会社に報告をかねていただいた手土産を持っていくこともあります。そうしたことを考えたら、「個包装されたお菓子」が無難です。また、おやすみの人のことを考慮すれば、ある程度の日持ちのするものを選ぶことも大切です。

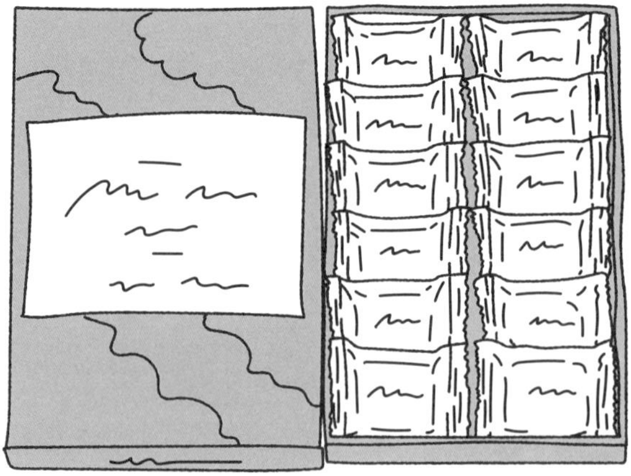

一方で、そのまま自宅に持ち帰り、個人でいただくことを良しとしている会社であれば、その人のご家族にも喜んでもらえるものを選ぶとあなたの株があがります。お菓子類であれば、行列のできるなかなか買えないお店のものなどが喜ばれます。

また、洋食で会食をしたらならば、洋菓子を、和食であれば和菓子や和物といった手土産には、配慮を感じることができます。ご家族にも楽しんでもらえるお品としては、軽量かつ高級感のある佃煮などであれば、食卓で役立ててもらえます。

手土産にはお礼のメッセージを書いた、手紙か一筆箋を添えると、慇懃無礼ではないあなたの気持ちが伝わります。一筆は、筆か筆ペン、万年筆で書きましょう。ボールペンや鉛筆では書かないように。相手の受け取り方によっては、せっかくの手土産に対する配慮が台無しになる可能性もあります。このような筆記用具などの細部にも、50代だからこそ身に付いているはず、とジャッジされることがありますから要注意です。

## さらに関係を深めてくれる「御礼状」



### 会食の翌日午前中には、投函するのがベスト

手土産を持参したかどうかと無関係に、招待への感謝を伝えるために、後日「御礼状」をお送りします。

頻繁にメールをするような親しい相手なら、メールでの御礼でも、現代は良いでしょう。しかし、御礼状は封書やハガキで郵送するのが丁寧である、ということは、心得ておきましょう。もっとも丁寧な御礼状は封書ですが、あなたの立場が招待した側より上なら、ハガキの御礼状でも問題ありません。

送るタイミングはできるだけ早く。理想は会食が行われた翌日の午前中です。早ければ早いほど、感謝の気持ちが伝わります。

### 定型文だけで終わらせたら、もったいない!

御礼状の文面は、季節のご挨拶に続き、招待されたことへの感謝を述べます。さらには親切で温かい対応やお料理の美味しさ、おもてなし全般に対しても、深く感謝している旨を伝えましょう。

会食中に話題に上ったことや、印象に残っている話について触れるのもいいですね。楽しかった会食のシーンを、先方にも思い出してもらうことができます。定型文をそのまま使うことは避けましょう。

最後は「今後も何卒お願い申し上げます」のひと言と、先方のますますのご発展、ご繁栄を祈る旨を書いて結びます。

# おわりに

本書では、50歳になったら遭遇するであろう様々なシーンにおける立ち居振る舞いをお伝えいたしました。これらはすべて、自分よりも相手の立場にたってみて、まずは相手が心地よい幸せを感じる言動をおこなう“真心あってのマナー”、すなわち「真心マナー®」が根幹にございます。

日本における様々なしきたりや慣習は存在いたしますが、それらも時代とともに、その考え方や実践の仕方に変化を伴うことがあります。

私たちは、先人の皆様が遺してくださった素晴らしいしきたりや慣習を敬い、継承することも大事なことではありますが、時と場合、相手や立場などに応じて、それらは柔軟に変化させてもよいという本来のマナーの精神を持ち合わせる心も、互いが幸せになるには大切なことと存じます。

人生折り返し地点を通過した私たちです。これからの人生の時を大切に思うならば、不要なこだわりや執着などは取り除いたほうがスッキリ爽やか、健康的で前向きです。この裏表のない、心からのマナーを身につけることにより、あなた様の人生が穏やかに幸せを感じる、心充たされる素敵なお時間となりますよう、心より祈念いたしております。

マナー西出ひろ子

**企画・執筆協力** —— 糸井 浩

**ブックデザイン** ——— 仲光寛城（ナカミツデザイン）

**校正** ————————— 玄冬書林

**編集** ————————— 内田克弥（ワニブックス）

**監修／協力** ———— 第1章・第2章▶監修：葬儀の板橋
協力：宮下二葉・似鳥陽子

第3章・第4章▶監修：一般社団法人沖縄リゾートウェディング協会 アドバイザー 渡口睦
株式会社 Embellir Japan 代表取締役 百次亜紀子
協力：石原亜香利

第5章▶監修：徳島文理大学短期大学部講師・マナーコンサルタント 川道映里

第6章▶監修：徳島文理大学短期大学部講師・マナーコンサルタント 川道映里
協力：石原亜香利

**総合協力監修** ——— マナーコンサルタント 吉村まどか

**参考文献** ——————『イラストでよくわかる　おとなの作法』ミニマル＋BLOCKBUSTER（彩図社）

## 西出 ひろ子（にしで ひろこ）

マナーコンサルタント・美道家
ヒロコマナーグループ 代表
一般社団法人マナー教育推進協会代表理事

大妻女子大学 文学部国文学科（現 日本文学科）卒業後、国会議員などの秘書職を経てマナー講師として独立。31歳でマナーの本場・英国に単身渡英し、現地にてオックスフォード大学大学院遺伝子学研究者（当時）と起業。帰国後、グローバルな視点から収益を生み出すオリジナルな手法で、名だたる企業300社以上のマナー・人財育成コンサルティング、延べ10万人以上の人材育成を行い、結果と成果を出すその実績は数々のドキュメンタリー番組をはじめ、新聞、雑誌などでマナーの賢人、マナー界のカリスマとして多数紹介された。
国内国外の現役マナー講師たちもその教えを請いに来社し、マナー界の第一人者として、他者著のマナー本の帯で推薦などの依頼も受けている。
また、政治家、弁護士、医師、企業のエグゼクティブから個人事業主、ビジネスパーソンたちの装いから身のこなし、話し方などのトータルプロデュースも請け負い、企業と個人のブランディングもおこなっている。
NHK大河ドラマ『いだてん』『龍馬伝』『花燃ゆ』、映画『るろうに剣心 伝説の最期編』といった作品のマナー監修、超一流俳優や女優、タレント、スポーツ選手などへのマナー指導も多数。
著書・監修書に28万部の『お仕事のマナーとコツ』（学研プラス）、『あなたを変える美しい振る舞い』（ワニブックス）など著書累計100万部を超える。
ビジネスデザイナー マナー西出ひろ子・マナーズ博子としても活躍中。

● ヒロコマナーグループ 公式HP　http://www.hirokomanner-group.com
● マナーズ博子 公式オフィシャルブログ　https://ameblo.jp/hirokomanner/

# 知らないと恥をかく
# 50歳からのマナー

---

## 西出 ひろ子


2020年9月5日　初版発行
2022年12月25日　3版発行

発行者　横内正昭
編集人　内田克弥
発行所　株式会社ワニブックス
〒150-8482
東京都渋谷区恵比寿4-4-9えびす大黒ビル
電話　03-5449-2711（代表）
03-5449-2734（編集部）
ワニブックスHP ▶ http://www.wani.co.jp/
WANI BOOKOUT ▶ http://www.wanibookout.com/
WANI BOOKS News Crunch ▶ https://wanibooks-newscrunch.com/
印刷所　株式会社 美松堂
製本所　ナショナル製本


---



ISBN 978-4-8470-9930-4